對立의 時代!
進步와 保守, 左派와 右派의
政體는 무엇인가?!

이념과 영혼

박경범 著

도서출판 恩範商會

박경범(朴京範)

1995년 소설가로 입문한 뒤 우리 어문정책의 이념상의 문제를 인식하여 1998년 〈한국논단〉〈月刊朝鮮〉에서 보수논객으로 활동한 바 있다. 주요 작품으로는 소설 〈천년여황〉〈은하천사의 7일간 사랑〉〈잃어버린 세대〉〈베오울프〉〈마지막공주〉〈꽃잎처럼 떨어지다〉등이 있고 시집 〈채팅실 로미오와 줄리엣〉이 있다.

인간영성의 주제를 다룬 책으로서 수필집 〈생애를 넘는 경험에서 지혜를 구하다〉와 소설 〈꿈꾸는 여인의 영혼여정〉이 있고 평론집 〈이문열의 삶과 문학세계〉 그리고 헤겔 〈정신현상학〉 번역이 있다.

책머리에

대학시절에 합석한 자리에서 理工學과 醫學은 물질을 다루는 분야이고 人文學과 社會學은 정신을 다루는 분야라는 대화를 들은 적이 있었다. 그때 나는 수학 등의 순수 자연과학은 물질이 아닌 정신을 다루는 것인데 왜 그런 편견이 있나 불만을 가진 바 있었다.

자연과학은 정신계에서의 순수과학과 물질계에서의 응용과학이 있다. 인문학에도 그런 분류가 있을 듯도 하겠지만 그런 것은 없다. 확신할 진리는 天上 즉 靈界에 있고 인문학은 精神界에 응용되는 것일 뿐이다. 물질계에서 응용되는 자연과학에서 어떤 건축물이 참이고 어떤 자동차가 참이라고 단정하지 못하듯이 人文의 思想은 어느 것도 참을 주장하지 못한다.

靈界		순수 인문과학
精神界	순수 자연과학	응용 인문과학 (사회과학)
物質界	응용 자연과학 (공학 의학)	

 이 책에서는 우리의 사회와 국가에서 이념이 가진 각종의 의미를 영적 관점을 동원하여 해설한다. 본래 순수한 중립의 입장에서 서술하고자 했으나 지내온 前歷은 벗어나지 못하여 일부 보수의 입장에 기운 면도 있다. 그러나 중요한 것은 대립적인 양측 어느 쪽의 승리가 아닌 어찌해야 우리 민족의 존재 목적을 살려 우주의 영적 확장에 기여할 것인가이다.

2025년 1월 朴京範

- 차례 -

Ⅰ. 이념이란 무엇인가

1. 이념의 의미   6
2. 좌파가 되는 사람과 우파가 되는 사람   14
3. 이념의 좌우편향에 따르는 문제   18

Ⅱ. 이념과 국가

1. 국가 내 좌우파 집단의 대립   26
2. 좋은 나라와 국가지도이념   32
3. 애국은 인류발전방식의 보존   53
4. 영성발달(靈性發達)과 진보주의   61
5. 좌우파 기득권층의 결탁에 의한 국민피해   74
6. 선진국과 후진국의 이념좌표   77

Ⅲ. 국내 이념갈등의 실체

1. 국가 內 이념파벌과 부족파벌   81
2. 한국의 소수자 집단과 그 영향력   84
3. 世界史에서의 大韓民國의 使命   127
4. 이념전쟁은 영적전쟁   132

Ⅳ. 이념과 사회가치관

1. 이념과 문학 140
2. 이념과 형벌 148
3. 이념과 성별 163
4. 이념과 장애인복지 181
5. 이념과 스포츠 183
6. 이념과 동물애호 188
7. 이념과 자연보호 191
8. 환경 인권 노동 여성은 모두의 가치 195

Ⅴ. 영성실현을 위한 이념

1. 종교와 이념 198
2. 국가에는 영혼이 태어날 동기(動機)가 있어야 203
3. 地上은 하늘의 하부구조 215
4. 靈의 목적을 따르는 삶의 추구 226

Ⅰ. 이념이란 무엇인가

1. 이념의 의미

　한국사회에는 지역 세대 빈부 이념 등의 여러 갈등이 있다. 이 중에도 이념대립이 심하다는 염려가 크다. 이젠 공산주의니 자본주의니 사회주의니 하는 이념의 시대는 지나지 않았느냐는 목소리도 있다. 색깔론은 시대착오적이라고 하며 이념이란 것은 완고한 사람들의 주장으로 간주되기도 한다.
　그러나 이른바 이념갈등을 해결하는 첫 관문은 이념이란 것에 대한 오해를 푸는 것이다.
　理念이란 地上의 현실에 뿌리박은 인류가 더 나은 세상을 만들어 할 수 있는 限 지상을 천국에 가까워지게 하려는 理想的인 목표를 향한 생각이다.
　理는 주자학(朱子學)과 성리학(性理學)에 따르면 우주를 다스리는 작용을 영적 주체로서의 관념을 배제하고 지칭한다. 절대신(유일신, 하나님)과 동일한 작용을 하지만 주체적인 의도가 있다고는 인정하지 않고 현상의 법칙으로서만 존재한다. 인간이 理와 같이 작용하고자 하는 생각(念) 즉 理念을 가진다는 것은 인간의 생각이 神과도 같이 세상을 다스리는 숭고한 작용을 하고자 노력한다는 것이다.
　이념은 인간이 더 나은 세상을 만들기 위하여 나아가는 지

1. 이념의 의미

표(指標)이다. 이를 위해서 민주주의 공산주의 자본주의 사회주의 등 어떤 主義라고 이른다. 민주 공산 자본 사회 등의 지향개념을 중심이 되는 正義로 삼는다는 것이다.

이들 이념의 공통된 목적은 더 나은 세상을 만드는 것이다. 그러려면 현재 인간사회의 상태를 올바로 진단하고 적합한 처방이념을 선택해야 할 것이다. 그 접근법에서 좌우의 이념지향이 구분된다.

인간은 동물과 神의 중간상태

인간은 동물과 共히 지상에서 육체를 가지면서도 天上의 뜻을 지상에 실현함을 목표로 하여 살아간다. 하나님의 나라가 땅에 이루어지도록 노력하는 것이 인간이 나아가야 할 길이다. 사바세계는 축생과 극락의 사이에서 극락을 닮아가고자 노력하는 곳이다.

축생 즉 동물계는 지상에서의 물리적 생존이 최우선의 가치이다[1]. 지상의 생명은 생존을 위한 경쟁이 요구된다. 생존경쟁은 상대를 죽이고 내가 살아남아서 상대보다 내가 우월

---

[1] 간혹 동물 특히 개 등의 가축 중에서 개체생존에 우선하여 타자를 위한 희생의 義를 보이는 경우가 있다. 이는 축생 또한 영적 존재의 강화를 위한 우주적 흐름에 동참한다는 의미를 갖는다. 개체의 안전보다 투쟁의 가치를 우선하는 용맹성에서 인간에 못하지 않음도 축생 역시 가치추구의 목적을 가짐을 보인다. 그러나 축생의 생태계를 지탱하는 원동력은 개체의 생존과 자손번식이다.

Ⅰ. 이념이란 무엇인가

함을 자연계에서 인정받아 살아남는 과정이다.
 그런데 인간은 물리적인 생존경쟁이 전부가 아니다.

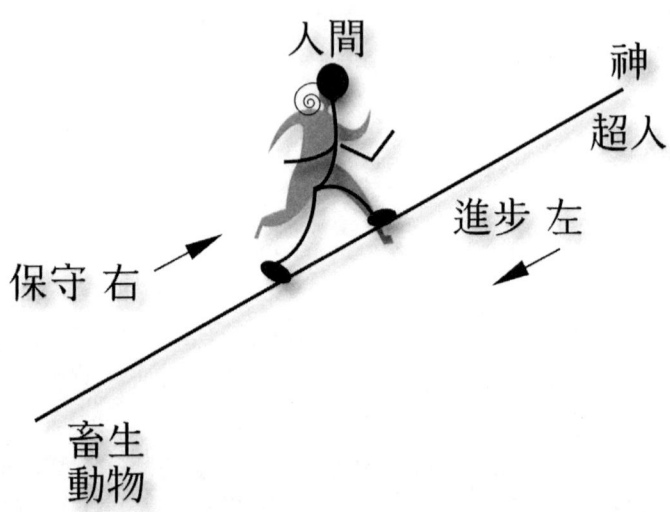

- 축생계를 벗어나 神의 경지(境地)로 가까이 가려는 인간 -

 니체[2]는 인간은 짐승과 초인(超人) 사이에 놓인 밧줄 위의 광대와 같다고 했다. 인간과 별도의 神을 인정하지 않는 니체는 神의 위치에 초인을 설정했다. 외줄 타기는 앞으로 가

---

2) 독일의 철학자(1844~1900), 〈짜라투스트라는 이렇게 말했다〉 中 인용.

1. 이념의 의미

도 위험하고 뒤로 가도 위험하지만 그대로 있어도 또한 위험하다. 짐승의 수준으로부터 벗어나 초인의 수준을 향하여 가는 도중에 인간사회가 있는 것이다.

인간의 존재는 영적(靈的) 확장으로 정당화된다. 인간 하나의 탄생은 환경운동의 측면에서 보면 나무 한그루보다 지구생태계의 환경에 보탬이 되지 못한다. 하지만 지구라는 물질체를 통한 영계발전(靈界發展)에는 크게 기대되는 것이다.

영적존재로서의 인간은 생애 중의 여러 과제를 풀어나가는 업장해소(業障解消)의 과정을 통해 영적성장을 추구해야 한다. 그러면서 천상의 극락에서의 삶을 지상에 구현하는 지상천국 건설의 목표를 향하여 나아가야 한다. 이 목표를 향한 인류사회의 발전이 지금 어느 정도까지 와있는가는 사람마다 견해가 다를 수 있다.

인간사회의 발전정도가 지금 어느 정도에 와있는가를 인간이 단번에 정확히 측정하기는 불가능하다. 다만 근사치에 접근하여 추정할 수는 있다. 각각의 추정주체가 저들의 입장과 견해에 따라 달리 산정한 추정치(推定値)에 따라 바람직한 사회규범과 정치제도를 달리 설정하면서 인간사회의 각 집단이 추구하는 이념의 차이가 생겨난다.

현상태의 高평가와 低평가

지금은 휴대폰에서 정확한 표준시를 네트워크로부터 수신하기도 하지만 아직도 손목시계 등 많은 시계는 오프라인에

Ⅰ. 이념이란 무엇인가

서 수동으로 시간을 맞춘다. 시간은 표준시에 정확히 맞추는 것이 최선이다. 하지만 초단위는 물론 일이분의 차이까지 없도록 정확히 맞추기는 번거롭기도 하고 그래야할 필요성도 크지 않다. 어느 정도에서 적당히 시간을 맞추려면 추정되는 正時보다 조금 빠르게 혹은 늦게 어느 한쪽을 택해야 한다. 여기서 틀리더라도 어느 쪽으로 틀리는 것이 덜 위험할 것인가 가치판단의 차이가 있을 것이다.

시계를 빠르게 맞추는 사람은 약속장소에 남보다 일찍 도착하는 경우가 많을 것이다. 그만큼 상대방에게 겸손한 사람으로 인식되고 타인의 시간을 빼앗지 않는다는 장점이 있으나 그만큼 자기의 손실을 부담해야 한다. 시계를 늦게 맞추는 사람은 대체로 약속장소에 남보다 늦게 도착할 것이다. 자기의 시간을 낭비할 염려가 없고 특히 타인들보다 지위가 높을 경우 권위를 세우는데도 도움이 될 것이다.

여기서 자기의 사회적 지위를 낮다고 여기면 시계를 빠르게 맞추고 자기의 사회적 지위가 높다고 여기면 시계를 늦게 맞추는 것이 적당한 처신의 방도임을 알 수 있다. 자기의 지위를 실제보다 낮게 여기는 것이 안전할 것인가 혹은 실제보다 높게 여기는 것이 안전할 것인가를 판단하여 자기의 지위를 아래로부터 가늠하든가 혹은 위로부터 가늠하든가 하여 추정해야 할 것이다.

앞서 이념은 현재 인간사회의 발전정도의 평가에 따른 사회제도 설정의 기준임을 밝혔다. 여기서 개인에 대한 평가에서도 현재자신의 실제상태보다 높게 평가하는 것과 낮게 평

1. 이념의 의미

가하는 것에 오차에 따른 손실과 위험의 정도가 다른 것처럼 인간사회에 대한 평가에서도 어느 쪽으로의 오차를 감수하고 평가하는 것이 손실과 위험이 덜할 것인가를 판단하여 자기 처신의 방도 그리고 인간사회의 지도이념을 설정하는 데 있어서의 준거(準據)를 마련해야 할 것이다.

목표점을 향하되 오류가 불가피할 때에는 어느 방향의 오류가 덜 치명적인가를 살펴 미리 얼마간의 빗나감을 꾀하는 수도 있다. 헬기의 착륙장소가 절벽 끝 가까이에 있다고 하자. 그러면 헬기가 수직착륙 하고자 할 때 조종사는 곧바로 착륙지점을 향하는 것보다는 조금은 절벽에서 먼 쪽을 향해 강하하는 것이 안전할 것이다. 착륙지점에 어긋나더라도 절벽에서 먼 쪽으로 착륙하는 것이 더 안전하기 때문이다. 이런 경우는 두 가지 오류의 어느 쪽이 심각하고 어느 쪽이 비교적 용납가능한가를 객관적으로 판단할 수가 있다.

한 아이를 교육시키면서 그 아이에 알맞은 교육과정을 선택해주기 위하여 그 아이가 현재 어느 정도 성장했는가를 추정할 때 실제의 성장한 정도보다 덜 성장했다고 보는 쪽이 덜 위험할까 혹은 더 성장했다고 보는 쪽이 덜 위험할까. 중고생 아이를 교육시키면서 대학생처럼 자유롭게 해주는 것은 더 성장했다고 보는 것이며 초등생 아이처럼 보호와 간섭을 집중하는 것은 덜 성장했다고 보는 것이다. 물론 중고생은 중고생으로서 취급하는 것이 이상적이지만 인간의 판단은 정확하기 어려워서 경우에 따라 치우칠 가능성이 있는 것이다.

Ⅰ. 이념이란 무엇인가

우파는 順方向 좌파는 逆方向

현재의 인간사회의 발전과 성숙의 정도를 실제의 상황보다 더 낮게 보는데서 출발하는 것이 안전하다고 보아 구성원들이 아직은 더 노력을 해야 한다고 이념을 설정하는 것이 보수적인 태도이다. 반면에 인간사회의 발전정도를 충분히 높게 평가하여 구성원들을 그에 맞게 대우하며 이제는 여유를 가져야 한다고 이념을 설정하는 것은 진보적인 태도이다.

물론 현재 인간사회의 발전 상태를 정확히 판단하는 것이 최선이지만 인간으로서 필연적인 오차를 감수하고 추정할 때 현재의 상태보다 높게 판단하면 진보가 되고 낮게 판단하면 보수가 되는 것이다. 보수는 인간사회를 실제보다 낮추어 평가하는데서 출발했으니 앞으로 인간사회의 향상에 따라 순방향(順方向)으로 사회제도를 발전시키면 되므로 '옳은' 방향으로 가는 우파가 되고 진보는 사회이념을 실제 인간사회의 발전수준보다 높여 설정했으니 사회에 적용하다보면 역방향(逆方向)으로 도로 낮춰야할 필요가 생기므로 '왼'쪽으로 향하는 좌파가 된다.

다시 인간사회를 개인에 비유하면 아이(동물계)가 成人(天上)으로 자라나기 위해 교육을 시키는 과정에서 학생(인간계)의 현재수준을 실제수준보다 높게 보면 좌파와 같고 낮게 보면 우파와 같다. 중고생에게는 중고생에 알맞은 생활지도를 해야 한다. 그런데 중고생을 초등학생처럼 다루며 '길조심해라 공부해라' 한다면 우편향으로 비유되며 대학생이나 성인

2. 좌파가 되는 사람과 우파가 되는 사람

에게 대하듯이 '밤늦게 들어와도 좋다 연애해도 좋다'하며 방임한다면 좌편향에 비유된다.

수학적 방식으로의 이념의 定義

흔히 보수진보이념이라 하면 보수는 자유를 진보는 평등을 혹은 보수는 개인을 진보는 집단을 혹은 보수는 시장경제를 진보는 계획경제를 중요시한다는 식으로 구분하고자 한다. 그러나 이러한 분류법은 드러나는 현상만을 두고 말하는 것으로서 나무를 말할 때 가지와 열매에 관해 말할 뿐 그 나무의 뿌리와 종자에 관해 말하지 않는 것과 같다. 코끼리를 말할 때 각각의 부분을 만지면서 코끼리는 기둥과 같거나 뱀과 같은 동물이라고만 할 뿐 어떠한 태생적 특성을 가졌는가를 말하지 않는 것이나 같다.

동물계에서 천상계로 나아가는 과정에 있는 인간사회의 발전정도를 보수는 실제보다 낮게 평가하는 것이고 진보는 실제보다 높게 평가하는 것이란 定義는 좌우이념에 관한 수학적 정의와 같아서 경제의 측면뿐만 아니라 문화 성도덕 국가 등에 관련한 모든 좌우이념적 가치관에도 그대로 적용된다.

이제까지의 지엽적인 보수진보이념 규정들은 마치 직사각형이란 무엇인가 하는 물음에 길쭉한 네모라고 답하는 것이나 같다. 그러나 같은 물음에 다소 상식적으로 생소한 느낌이 들어도 네 각이 같은 사각형이라고 수학적인 정의로 답하면 직사각형과 관련한 모든 현상이 설명가능하다.

Ⅰ. 이념이란 무엇인가

여기서 또 중요한 것은 이념의 근본적인 논의를 위해서는 유물론의 범위를 벗어나는 것이 불가피하다는 것이다. 서양의 철학과 사회과학도 신학에 바탕을 두었던 것처럼 인간사회의 현상을 설명하는데 영성적(靈性的)인 바탕을 무시하고는 근본에 충실한 해설이 불가능하다. 이러한 전제를 용인하면 앞으로 경제 사회 문화 역사 국가관 자연환경 성도덕 등 각 방면의 보수적 혹은 진보적인 가치관들의 존재 理由와 목적이 理解될 수 있을 것이다.

2. 좌파가 되는 사람과 우파가 되는 사람

이념성향은 여러 측면에서

사람들마다 가지는 이념적 지향은 혈액형이 다르고 성격이 다르듯이 다르다. 물론 이념지향은 혈액형처럼 분명히 나뉘기는 곤란한 것이기도 하다. 또한 경제 사회 문화 역사 국가관 자연환경 성도덕 등 다양한 측면에서 살펴볼 때 우파적 사상의 사람이라면 모든 면에서 우파적 성향을 띠거나 좌파적 사상을 가진 사람이라면 모든 면에서 좌파적 성향을 띠는 것도 아니다. 사람에 따라 어느 면에서는 우파적 지향을 가지다가도 어느 면에서는 좌파적 지향을 가지기도 한다. 프랑스에서는 극우정당 국민전선이 (당연히) 동성애를 비판해왔는데 한 고위 당직자가 동성애자라는 사실이 알려지면서 난처해지는 일이 있었다.

2. 좌파가 되는 사람과 우파가 되는 사람

이념성향은 유전하지 않는다

어떤 사람이 좌파가 되고 어떤 사람이 우파가 되는가를 일단 추측하려면 출생가문과 가정환경 등을 생각하기 쉽다. 유복한 환경에서 원만하게 자란 아이는 세상을 긍정하여 우파적 성향을 띠고 가난하거나 결손가정 등의 문제 있는 환경에서 자란 아이는 세상을 비관하여 좌파적 성향을 띨 것이라는 생각 등이 그것이다. 하지만 그렇지 않음은 이미 우리 주변에서 흔히 확인할 수 있다. 어떤 쪽에서는 좌파적 유전자니 우파적 유전자니하기도 했지만 전혀 체계적인 설명을 못하는 억측에 불과했다. 가족으로서 가지는 유전자와 성장환경의 공통성으로는 이념성향을 규정짓지 못하는 것이다.

조정래의 〈太白山脈〉 윤흥길의 〈장마〉 등에서는 우리 현대사에 흔한 사건이었던 형제간에 인민군과 국방군의 좌우진영으로 나뉘어 싸운 이야기가 나온다. 영문학의 자매소설가 샬롯브론테와 에밀리브론테의 경우 샬롯브론테는 〈제인에어〉에서 평범한 용모의 '민중적'인 여주인공이 자유스런 교육환경을 주장하는 좌파적 사상을 담아냈고 에밀리브론테는 〈폭풍의 언덕〉에서 '주워온 아이'라는 운명을 극복하고 승리하는 치열한 삶의 주인공을 통해 우파적 사상을 담아냈다.

이념성향 분석은 영적 관점에서

Ⅰ. 이념이란 무엇인가

유물론적 사고를 벗어나 한 부모에서 같은 유전자를 바탕으로 태어났어도 그들의 정신 즉 영혼은 각기 깃드는 것임을 인식하면 한 가족이라도 성격이 다르듯 한 가족이라 해도 이념성향은 다를 수 있음이 인정된다.

즉 인간이 좌파 혹은 우파의 이념성향을 갖는 것은 그 고유영혼의 성품에 따른 것으로서 지상에 태어난 유전자의 특성이나 특별한 성장 및 교육환경에 따라 정해지는 것이 아니다. 물론 젊은 시절 좌파적 사상에 심취하거나 선정적 구호에 이끌리어 운동권에 나서는 후천적 현상도 있지만 이러한 일시적인 것을 그 사람의 현재 세상에 있어서의 고유한 이념성향이라 할 수는 없다.

앞에서 理念의 定義를 유물론의 범위 밖에서 했듯이 개인의 좌우 이념성향도 유물론의 범위 밖에서 설명할 만하다.

개인의 좌우 이념성향은 그 고유영혼의 성품이 현생에서 처해있는 조건과 어울리면 우파성향 그렇지 않으면 좌파성향이 나타난다.

영혼이 현생의 조건과 환경에 익숙한가

영적존재로서의 인간에게 누적되는 윤회의 경험[3]은 영혼의

---

3) 인간영혼의 성장방식은 윤회가 아니고도 영계자체에서의 교육이 있다. (〈사랑과 희망의이지옥방문기〉 은범상회, 2024) 그런데 여기서는 '영혼에 쌓인 경험'과 현재 지상의 생활환경과의 비교이므로 지상에서의 경험인 윤회의 경험이 관건이 될 것이다.

2. 좌파가 되는 사람과 우파가 되는 사람

성품 형성에 영향을 준다. 前生의 경험으로 부유한 환경에 익숙한 성품의 영혼이 현생에서 환경을 바꾸어 가난한 환경에 태어나면 현실에 불만을 갖고[4] 세상을 바꾸고자 하는 생각을 갖게 된다. 반면에 前生에 가난한 환경에 익숙한 영혼이 현생에 새로이 부유한 환경에 태어나면 자기가 누리는 부유함에 미안함을 가지며 가난한 사람들을 위한 운동을 하고 싶어 한다. 이런 사람들은 좌파적 성향을 띠게 된다.

한편 영혼이 과거로부터 익숙해진 환경에 이번 생에서도 다시 태어나면 이미 그러한 환경에 대처하는 데 경륜이 누적되어 있으므로 가난하든 부유하든 현실에서 자기의 본분과 인생개척에 힘쓴다. 이러한 경우는 우파적 성향을 띠게 된다.

前生에 익숙해진 국가와 문화 환경에 태어난 사람은 그 사회에서 전통을 존중하는 우파적 성향을 띠게 되고 前生과는 달리 새로운 국가나 문화 환경에 태어난 사람은 그 사회의 관습과 제도를 바꾸고 싶어 하는 좌파적 성향을 띠게 된다.

여성으로 익숙한 영혼이 남성으로 태어났거나 남성으로 익숙한 영혼이 여성으로 태어난 경우 남녀의 성역할의 벽을 인정 안하려 하므로 性的으로 좌파적 성향을 띠게 된다. 이미 익숙한 성으로 태어난 사람은 여성다움과 남성다움이 자연스럽게 발현되므로 성적으로 우파적 성향을 띠게 된다.

앞서 프랑스의 극우정치인 동성애자의 경우는 영혼의 전생경험은 프랑스 등 유럽 주류문화(主流文化)에 익숙해있으나

---

[4] 이안 스티븐슨 〈전생을 아는 아이들〉, 프란시스 스토리 〈환생〉

I. 이념이란 무엇인가

성별은 현생에서의 조건이 생소하기에 일어난 현상이라고 설명가능하다.

우파는 地上의 가치 존중 좌파는 최대한 否定

여기서 우파는 지상에서의 탄생한 신분과 환경을 존중하고 좌파는 그렇지 않는다는 것을 말할 수 있다. 좌파는 태어날 때부터의 신분 심지어 몸의 성별이나 신체조건 그리고 장애여부에 이르기까지 현생에서의 삶에서 태어난 여러 조건의 영향을 최소화하려고 한다. 그것은 인간사회가 천국에 가까이 왔다고 보는 좌파의 특성상 지상에서 가지고 있는 자기의 생활조건에 구애받지 않는 영혼개성 그대로의 삶을 사는 것을 추구하기 때문이다.

우파가 인간사회의 발전정도를 '겸손하게' 낮게 평가하여 삶의 태도를 정하는 것은 神의 조화(造化)와 섭리(攝理)를 존중하는 데에서 비롯된다. 이에 따라 지상에 태어날 때 여러 신분과 조건을 타고나게 한 뜻을 존중하여 주어진 환경에서 자기의 영적성장을 추구하는 삶을 살고자 한다.

이렇게 인간은 영혼에 이미 익숙해진 환경과 현생의 환경이 융화될 때 우파적 성향을 갖고 그렇지 않을 때에 좌파적 성향을 갖는다.

3. 이념의 좌우편향에 따르는 문제

3. 이념의 좌우편향에 따르는 문제

좌우의 이념은 인간사회를 판단하는 접근법의 차이이고 양쪽이 다 추구해야할 목적은 되도록 인간사회의 발전정도를 정확히 파악하자는 것이다. 좌우파의 분별은 사회상황에 대한 정확한 판단이 거의 불가능한 현실에서 저마다 상대적으로 오류에 따른 위험이 적은 어느 한쪽을 택했다는 것에 있을 뿐이고 좌파이든 우파이든 목표는 사회상황에 對한 정확한 판단에 따른 최적의 사회제도 설정에 있다.

좌우파가 되는 것은 의도적인 것이 아니고 인간으로서는 '중도'가 불가능하기에 부득이 선택하는 것이어야 하는데 좌우 접근법의 어느 한쪽에 대한 믿음이 강한 나머지 의도적으로 좌 혹은 우의 이념을 구현하려 하면 극좌 혹은 극우의 상황이 되어 현실과의 차이가 벌어져 문제를 야기하게 된다. 물론 앞서 언급된 프랑스의 극우정당 등 소위(所謂) 유럽의 극우정당이라든가 국내에서의 소위 극우유튜버 등의 호칭은 상대적 관점에 따른 것으로서 어떤 객관적 定義에 따른 것은 아니다. 다만 굳이 극우 혹은 극좌의 의미를 규정하고자 한다면 인간사회의 발전정도를 최대한 정확히 파악하고자 하는 '중도를 향하는 노력'을 하지 않는 정치집단이라고 하면 될 것이다.

인간사회를 동물계와 다를 바 없는 약육강식의 정글로 간주할 위험이 있는 극우 인간사회를 천국과 같이 여겨 각자의 태어난 신분과 환경 등 모든 地上 가치를 부정하는 극좌 모두 인간이 영적으로 성장하여 동물계로부터 벗어나 천상에 가까워지고자 하는 존재목적을 이루기에 도움이 되지 않는

Ⅰ. 이념이란 무엇인가

다.

좌편향에 따른 문제

좌파적 성향에 따라 우리의 사회가 이미 충분히 성숙된 사회라고 가정해본다. 정말로 사회가 성숙하여 사람들의 인격수준이 높다면 - 이를테면 과거 신라가 君子國이라고 불렸던 것처럼 사람들이 모두가 義를 추구하는 군자의 인격을 가졌다면 - 모두에게 생활을 위한 필수품을 균등히 배급하며 경쟁이나 감시가 없이 일을 맡겨도 사람들은 양심껏 자기의 수양(修養)을 겸하여 생업에 전념할 것이니 문제가 없을 것이다. 기본생활이 보장되어 사람들은 생계유지를 위한 활동을 넘어서 더 높은 단계의 자기실현을 위한 노력이 가능하니 이상적인 사회라 할 것이다.

그러나 사람들의 대체적인 인격수준이 아직은 생업의 긴장을 통해 정신을 수양해야 할 단계에 있음에도 불구하고 실적경쟁의 긴장이 없는 안정된 일자리만이 널리 보급되어 있다면 다음과 같은 여러 문제들이 생겨나게 된다.

- 이제까지 삶에서 들이는 노력의 목적이 생계의 유지에 있었는데 생계가 보장되고 나니 사람들은 더 이상 재화를 얻기 위한 노력을 하지 않아 나태한 생활을 할 위험이 있다.
- 비록 기본적인 생활이 보장된다고 해도 아직 사람들의 가치관은 더 많은 재화를 얻어 윤택한 삶을 추구하려는 단계

3. 이념의 좌우편향에 따르는 문제

에 있는데 더 많이 일해도 그만큼의 보상이 되지 않으면 근로의욕이 꺾여 역시 나태한 생활태도를 가져올 위험이 있다.
 - 다수의 가치관이 재화획득의 과정보다는 결과에 집중되어 있는 현실에서 관대한 사회보장의 허점을 이용하여 거짓과 부정으로 재화를 얻으려는 자들이 많아진다.
 - 아직 사회전반의 균등한 복지가 충분히 이르지 않은 상황에서경쟁이 없는 사회가 되면 이미 많은 것을 가진 계층은 그대로 부를 누리고 그렇지 않은 계층은 발전의 희망이 없게 된다.

국민전반의 소양(素養) 수준이 충분히 발달하지 않았는데 섣불리 좌편향 사회제도를 적용하면 비록 기본적 의식주가 보장된다 해도 국민이 그런 환경에서 더 높은 차원의 인격수양을 할 능력이 되지 않으니 무료해진 국민은 나태하게 되어 결국 생업이라는 기본수양도 게을리 하는 결과가 될 것이다. 성숙에 이르지 않은 사회가 이러한 좌편향의 무경쟁 사회가 되면 사람들은 기왕에 얻은 자리를 지키려고만 하게 되어 계층이동은 경색되고 오히려 불평등한 신분사회가 된다.

조국 조국신당대표는 (우파는 개천에서 용이 나야 한다고들 하지만) 개천에서 용이 안 나도 행복한 사회가 되어야 한다고 말한 바 있다. 물론 모든 '미꾸라지'가 용이 될 수는 없다. 필자 또한 소수의 이른바 성공한 자의 이야기로 대중에게 환상을 심어주는 것은 옳지 않다고 글에 쓴바 있다[5].

개천에서 나와서 용이 안 되어도 행복한 사회가 되어야 함

Ⅰ. 이념이란 무엇인가

은 옳다. 경쟁의 승자가 되지 않아도 행복할 수 있는 사회가 理想的인 사회이다.

그러나 정말로 개천에서 더 이상은 용이 안 나와도 (개천출신도 용이 될 수 있는 환경을 만들려는 노력을 하지 않고) 개천의 모든 미꾸라지가 행복한 사회를 만든다는 것은 이미 과거 봉건주의 사회에서 어진 주인 밑의 행복한 하인들의 생활에서 실현된 바 있다.

실제로 애초에 개천에서 나와서 용이 되고자 꿈을 꾸는 자들부터가 전체 개천출신자들 중에서 소수이기 때문에 정말로 개천에서 나와서 용이 안 되어도 행복한 사회가 만들어진다면 개천에서 더 이상 용이 안 나오는 사회는 저항 없이 그대로 정착될 가능성도 크다. 한세대 전에는 경제발전 등으로 먹고살 문제만 해결해주면 만족해하며 사는 민중을 비판하며 민중의 사회비판력을 기르고자 했던 진보진영세력이 이제 어느 정도 사회의 상층부를 점유하자 주어진 위치에서의 만족

---

5) 『미운오리새끼는 나중에 자기가 오리가 아니고 白鳥라고 알게 되죠. 그러니 결국 그대로 미운오리새끼라면 결코 행복할수 없다는 뜻도 되지요. 신데렐라처럼 왕자와 결혼하는 것도 모두에게 가능성이 주어진 것은 아니죠. 이것들은 극히 일부만이 누릴 수 있는 것이에요. 그런 것은 진정한 동화가 될 수 없어요. 어린이들은 그 극히 일부만이 가질 수 있는 행복만을 선망하게 돼요. 그러다 자라면서, 그러한 영광은 극히 일부에게만 주어지고 대다수에게는 이루어질 수 없는 것이라는 것을 깨닫게 되지요. 그것은 인간이 자라면서 꿈을 잃고 정신적으로 쇠약해지게 하는 要因의 하나에요. 맡은 바 그대로의 위치에서도 행복을 느낄 수 있게 하는 것. 그것이야말로 인간이 살아가면서 꿈을 키워갈 수 있게 하는 것으로서 현실에서 우리가 바라는 최고의 사회가 될 수 있어요.』(박경범, 잃어버린 세대 - 3, 한국논단 1998년 8월호)

3. 이념의 좌우편향에 따르는 문제

과 행복이라는 보수적인 가치를 제기하는 것은 아이러니이다. 신분이 고정되는 사회는 일시적인 어진 지도자의 출현으로 다수가 행복해진다고 해도 민주사회의 취지에 맞지 않는 것이며 결국은 과거 봉건사회처럼 (세습 등으로 실력이 검증 안 된) 무능한 지도층의 형성으로 몰락할 것이다.

개천에서 용이 나오는 사회가 정의로운 사회라는 것은 출세한 소수가 뿌듯한 행복을 얻기 때문에 좋은 사회라는 것이 아니라 하늘에서(선천적으로) 정해진 일정범위의 인연의 사람들(상류계급출신) 중에서만 국가지도층을 배출하려 하면 이윽고 인재가 고갈되는 것이니 지상에서 꾸준히 폭넓은 범위에서 국가를 지도할 인재를 찾아내야 민주사회로서의 역량보충이 이루어져 정의롭고 번영하는 사회가 될 수 있다는 것이다. 이러한 주제는 다음에 좋은 나라의 의미를 새기며 자세히 다루기로 한다.

우편향에 따른 문제

우파적 성향에 의거하여 우리의 사회가 아직은 성숙되지 않았다고 가정해본다. 본래 사람들은 삶을 위한 재화를 얻는 경쟁을 통해 노력과 절제를 하며 각자의 인격을 닦고 영적인 성장을 추구하기로 되어있다. 사회가 아직 초보단계라면 거의 전부의 사람이 이러한 삶의 목적을 가지고 있다고 보아야 할 것이다. 자유경쟁을 통한 富의 창출은 물론이고 각자의 생계도 각자가 책임짐으로써 재화획득을 위한 노력을 모든

Ⅰ. 이념이란 무엇인가

이가 빠짐없이 하도록 한다.

  그런데 재물획득이라는 동기가 없으면 사람들은 노력을 하지 않고 나태해진다는 우파적인 관점이 과장되어 재화의 다량획득을 위한 경쟁만을 최우선으로 하며 재화의 소유를 인간평가의 절대적 기준으로 보는 상황이 되면 다른 정신적 가치를 추구하고 인도해야 할 잠재력을 가진 자들도 재화추구에 몰입하게 되어 인간사회의 발전은 정지하게 된다.

  인간사회의 생활수준이 향상되어 사람들의 인격수준은 생업 그 이상을 추구할 단계에 와 있는데 계속해서 재화획득의 경쟁만을 조장하는 사회라면 사람들은 인생에서 생업을 위한 노동 이상의 가치를 추구하기 어려워 자아실현부재 등 경제외적 문제로 고통 받을 것이며 이 와중에 재화에의 지향만이 사회가치관을 주도하게 될 것이다. 이와 같은 사회 또한 인간의 영적 성장을 정체시키는 타락한 사회이다. 사회전반의 생활수준향상과 함께 재화획득 이외의 것에 가치를 둘 사람들에게도 기본적 생활을 보장할 필요가 있는 것이다.

좌로도 우로도 치우치지 않는 것이 중용의 길

  이와 같은 양극단의 타락된 결과를 막기 위해 동시대 사람들의 전반적인 인격수준을 제대로 파악하여 그 수준에 맞는 제도를 취하는 것이 좌로도 우로도 치우치지 않는 사회적 중용(中庸)의 길이다.

  유교에서는 자기의 본분에 맞춰 사는 것을 강조했는데 좌

3. 이념의 좌우편향에 따르는 문제

로도 우로도 치우치지 아니함은 곧 본분에 맞춰 과분하지도 비굴하지도 않는 삶을 사는 것이라고 하겠다. 국가사회와 인류전체에 있어서도 이러한 중용이 필요하다. 다만 인간이 스스로 인간사회의 현재 발전수준을 정확히 측정하기는 어려운 것이라 현실보다 높게 바라보는 것이 오류에 의한 위험이 적다고 여기는 것이 좌파적인 태도이고 현실보다 낮게 바라보는 것이 오류에 의한 위험이 적다고 여기는 것이 우파적인 태도인 것이다.

간혹 정치인 등 중에서 자신은 중도로서 좌파도 우파도 아니라는 말을 하는 경우가 있는데 이것은 자기가 神처럼 정확히 이 세상의 발전정도를 파악할 수 있다는 말이 된다. 그러므로 이것은 현실성이 없는 교만이요 위선이 될 만하다. 인간으로서는 인간사회의 현 수준을 파악하고 목표점에 접근할 때 공중에서의 수직낙하는 불가능하고 좌우 어느 한쪽으로부터 접근하는 수밖에 없다.

진정 이념을 좇는 좌파와 우파가 정책토론을 하면 서로 마주 오는 접근방식이 中道에 수렴하여 정책 등의 합의점을 찾을 수 있다. 그러나 현실적으로 이른바 좌파라는 사람과 우파라는 사람이 토론할 때 합의점을 못 찾고 평행선을 달리는 이유는 이들의 목적이 理念 즉 인간사회의 발전정도의 정확한 측정과 그에 맞는 정책의 개발이 아니고 각각이 속한 (이념과는 일치한다고 보기 어려운) 파벌집단의 이익이기 때문이다. 이런 상황에서는 양보는 곧 손해일 뿐이어서 합의는 불가능한 것이다.

Ⅱ. 이념과 국가

1. 국가 내 좌우파 집단의 대립

국가는 생활의 공동체이고 공통성격의 집단이다. 공동체가 운영되려면 책임자들이 있어야 하고 권력을 행사하지 않으면 안 된다. 인간의 권력행사는 아무리 옳고 정당한 것이라도 피행사자에게 인간으로서의 복락을 침해할 가능성이 상존한다. 권력행사자 혹은 전반적 사회가치관의 주류세력은 피행사자계층에게 그리고 사회가치관 비주류세력에게 業을 지게 된다. 피행사자는 당시의 현생에서는 사회적 약자로서 억압된 생애로 끝나지만 이후의 시대에서 업보를 상쇄할 목적으로 현존하면서 과거 권력행사자 계층에게 대항할 힘도 가지게 된다. 국가체제의 과거 불이익 계층이 새로이 힘을 가져 기존의 가치주류 계층에 대척(對蹠)하게 되면 이것이 좌파세력이다. 이렇게 하여 세계 어느 나라건 내부에는 이른바 좌우파 집단의 대립이 있다.

이들 대립하는 집단이 좌우파라 불리는 것은 대체로 상대적으로 그러한 경향을 띠었다는 것이지 그들 자체가 좌우파 이념의 本原에 일치하는 것은 아니다. 국내외의 이른바 좌우파의 대립은 국가를 구성하는 이질집단의 입장 차이에 따른 것이지 진정한 좌우파 이념을 따르는 政見에 의한 것은 드물

1. 국가 내 좌우파 집단의 대립

다.

과거 국가역사의 주류(主流)가 되었던 집단은 우파가 되고 그렇지 않았던 집단은 좌파가 된다. 개인적으로서는 과거에 그 국가 혹은 유사한 문화권에서의 생애경험이 있을 경우 영혼이 그 국가의 환경에 익숙하여 우파가 된다. 반면 주된 생애경험이 다른 국가나 다른 문화권에 있었기에 그 국가의 사회문화가 생소하거나 혹은 그 국가에서의 생애경험이 있었다 하더라도 비주류저항세력으로서의 그것이었다면 좌파성향을 띠게 된다.

한국의 경우 크게는 신라시대 이후 한반도의 문화중심세력이 우파가 되고 고구려 발해의 지배계층이 남하한 뒤 북쪽에 말갈족으로서 남아 고려시대까지 野人으로 있다가 조선조 세종 때 병합된 세력이 좌파가 된다. 이 분류는 국가전통적 관점에서의 것이므로 경제정책과 안보정책 등으로 보수와 진보를 분별하는 관점에서는 여러 다른 준거(準據)가 있을 수 있다.

미국에서는 백인민중이 보수세력이고 흑인 히스패닉 이민자등 이른바 사회소수자와 이들의 권익을 옹호하고자 하는 백인 지식계층 일부가 진보세력을 형성한다. 인종과 대강의 관계는 있지만 인종유전자가 좌우이념적 사고방식을 형성하는 것은 아니다. 백인민중이 보수세력의 중심이 되는 것은 청교도의 아메리카 개척 당시부터의 누적되는 윤생(輪生)의 경험이 혈족인연을 통해 이어져 주로 백인사회에 축적되기 때문이다. 물론 인간의 윤생은 혈족인연만을 따라가지는 않

Ⅱ. 이념과 국가

기 때문에 타인종에도 (미국사회 주류의 정신이 깃든) 우파적 인물이 태어날 수 있고 백인 중에도 (미국사회 비주류 혹은 외지의 정신이 깃든) 좌파적 인물이 태어날 수 있다.

일본의 경우 오랜 동안의 해양진출지향 역사로 친미파가 주류이며 우파의 자리를 차지한다. 대륙의 영향권에 들기를 마다않는 친중파는 비주류이며 좌파이다. 2010년 하토야마 총리의 민주당 진보정권은 섣불리 오래된 친미노선을 거두고 친중노선을 표방하다가 주류 친미세력의 반발에 이내 무너진 바 있다.

대만의 경우 대륙에서 온 국민당이 주류 보수세력이고 대만 원주민의 입장을 대변하는 민주진보당이 비주류 진보세력이다. 대만 자체로 보면 당연히 원주민세력이 그 지역의 전통주류가 되어야 하겠지만 대만지역이 오랫동안 독립이라기보다는 외부 강성(強盛) 세력의 지배를 받았으므로 원주민은 권력층이 되지 못하다가 근래에 이르러 새로이 주권을 얻으려는 진보세력을 형성했다. 민주진보당 정권은 탈원전(脫原電)에다 성전환자를 각료로 임명하는 등 내부정책에서 진보성향을 보인다. 한국의 경우 진보세력이 '같은 민족'인 북한과의 교류를 상대적으로 중시하지만 대만은 진보세력이 강력한 친미정책을 통해 대륙 영향권에서의 독립을 추구하고 있다. 일반의 관점에서는 '대만은 어찌해서 보수세력이 공산당과의 교류를 추구하고 진보세력이 분단고착화를 하는가?'의 이해할만하다.

이렇게 국가내의 진보와 보수의 세력분화는 집단적인 입장

1. 국가 내 좌우파 집단의 대립

차이에 따른 것이지 순수이념에 따른 경우는 드물다. 같은 분단국이지만 한국은 분단된 상대편과 연고가 깊은 쪽(친북세력)이 건국세력이 아니었기에 진보이고 대만은 애초에 분단된 상대편(중국대륙)과 관계된 세력(국민당)이 정부를 수립했기에 대륙과의 관계를 증진시키려는 세력이 보수의 자리를 차지하고 있다. 물론 국민당이 반공으로 시작되었기에 한국의 진보세력 일부처럼 반미성격이 있는 것은 아니며 대륙과의 교류도 한국의 과거보수정권에서와 같이 초기에는 허용하지 않다가 훗날에 자유화한 것이었다.

우크라이나는 친러시아파와 친서방파의 대립이 있었다. 국가사회적 관점에서는 친러시아파가 보수이지만 한국에서 보는 국제사회의 진영논리에 따르면 친서방파가 '자유민주주의' 보수진영이 될 것이다.

각국의 진보정치운동은 건국당시 및 역사의 흐름에서 권력에서 소외되었던 비주류 엘리트층의 권력교체 욕구가 동기(動機)가 되고 명분으로 내세우는 하층계급의 이익 代辯과는 특히 현대사회에서는 일치하지 않는다. 다만 기존 권력소외 엘리트와 상대적으로 연(緣)이 가까운 국가구성집단의 상대적 득세에는 기여한다. 미국의 진보정치세력이 되도록이면 非白人이나 여성을 지도층에 올려놓고자 하는 것은 이네 집단들이 이제까지 권력소외층이었다는 인식에 따른 것인데 비백인이나 여성이 흔히 진보정권의 권익대변 대상으로 간주되는 경제적 소외계층은 아니다. 다만 그들 중의 일부를 권력층에 적극적으로 포함시켜 상대적 득세를 지원해주겠다는 것이다.

Ⅱ. 이념과 국가

나라 안의 각 분파세력간의 권력투쟁은 인류역사의 보편적인 현상으로서 어느 편이 정의롭다 하기는 어렵다. (正義 혹은 善을 어떻게 규정해야 하는가는 후에 다루기로 한다.) 그러나 소수집단세력이 권력투쟁에서 승리하여 그들의 취향대로 국가전체를 운영하고자 하는 것은 정당성을 인정받지 못한다.

과거에는 소수집단에 의한 다수집단 지배가 가능했다. 근래까지 남아공 소수백인의 흑인사회 지배가 있었다. 그 이전에 영국의 인도 식민지배가 있었다. 다시 그 이전에는 중국에서 만주족이 다수 漢人을 지배하며 소수지배계층의 풍습인 변발(辮髮)을 모두에게 강요하는 등의 억압이 있었다.

少數집단의 무리한 집권욕이 社會正義 해쳐

오늘날에는 선거제도가 있어서 소수집단이 정상적으로 다수집단을 지배하기는 불가능하다. 그럼에도 간혹 소수집단이 나라를 지배하려는 경우 여러 사회문제와 갈등이 발생한다.

소수집단은 이제까지 다수집단의 영향력에 의하여 설정되어 있었던 국가내의 가치체계를 허물고 다수집단으로 하여금 자체적인 누적가치에 둔감하게 하여야 선거에 의한 집권이 가능하기에 사회가치관을 변화시키는데 그 과정에서 갈등이 발생한다.

국가內 집단間 갈등의 본질은 종족갈등

1. 국가 내 좌우파 집단의 대립

한국의 영향력 있는 소수자 집단은 흔히 좌우파로 '代表' 되고 있는 여진인 출신 세력과 왜인 출신 세력이다. 이들이 국가내의 실제 비중보다 큰 영향력을 갖게 되는 것은 양당정치에서의 선명성경쟁에 유리함에 있다. 심지어는 각기 속한 좌파 혹은 우파 정파의 승리 및 집권을 희생해서라도 해당 정파 내 저들의 세력 확장을 더 중요시하기도 한다. 양측 각각에서 소수자세력이 더욱 두각을 나타내는 과정에서 소위 좌우정파 양측의 대결은 첨예화된다.

좌파소수집단은 본래 野人으로서 조선시대에는 백정이나 유랑극단 등으로 생활했던 기질로 예능 등에는 유리하지만 생산을 위한 근면성실성은 부족하기에 교육과정에서의 지식평가와 사회에서의 실적평가를 통한 자유경쟁사회에서는 신분개척이 어려워 좌파이념을 선호하게 된다. 미국의 흑인도 역시 풍류에 능하지만 보편적 생산성이 낮은 기질상 만약 그들이 미국을 지배할 수만 있다면 사회주의나 공산주의를 선호할 것이다.

국가 내의 보수세력은 그 나라에서 오래도록 주류를 이어온 문화중심세력이 자리하는 것이 정상이나 한국의 경우 보수를 자처하는 세력 상당수가 전통문화가치에는 관심이 없고 자유시장경제라는 유동적 현대가치 만을 표방한다. 이는 좌파정파 뿐만 아니라 소위 우파정파에서도 전통문화가치와 거리가 있는 소수자세력이 영향력을 갖고 있음이다.

이들 소수자가 아닌 다수 韓民族 위주로 國體가 중심을 잡

Ⅱ. 이념과 국가

으면 외세 어느 쪽에 가까워지는 것이 국기(國紀)를 흔들 엄중한 사안(事案)은 되지 못하여 정권의 往來가 생사결단의 투쟁이 되는 형국은 면할 수 있다. 절대다수의 정통 한민족 집단이 정체성을 자각하고 주권을 회복하여 이 나라의 중심을 잡아야 할 필요성이 요구된다.

국가內 집단 間 세력대결의 본질은 이념추구의 싸움이 아니라 어떤 부류의 세력이 그 나라의 패권을 차지하느냐의 싸움이다. 그 세력부류의 구분은 단지 (탄생한 개개인이 영적 성품의 구현수단으로 선택한 바 있는) 지구상에 태어난 인종이나 민족의 차이가 아니라 영혼차원에서의 性品이 다른 여러 세력이다. 어떤 부류의 영혼이 지상에서 생활환경 造成의 주도권을 차지하느냐 하는 경쟁이다.

2. 좋은 나라와 국가지도이념

이념을 추구하는 목적은 하늘의 뜻이 땅에 내려오는 나라를 건설하기 위함이다. 하늘에서 이루어졌던 일이 땅에서 이루어져 가는 변화를 불러옴이다.

근세 지도이념의 시대가 오기 전 중세까지 인류사회의 통치체제는 봉건주의(封建主義)라 할 것이다. 세상과 국가의 소유권을 국왕이 갖고 그 관리운용을 신분에 따라 단계적으로 나누어 위임하고 支配(갈라서 분배)하는 통치체제는 오래된 것이다.

귀족(또는 왕족)의 대가족과 그 하인(또는 신하)들로 구성

2. 좋은 나라와 국가지도이념

되었던 생활공동체에서 한 개인의 지위는 어느 신분으로 태어나느냐에 의해 정해진다. 즉 태어나기 이전의 영혼상태로서 거주하는 '하늘'에서 거의 전적으로 일생의 설계가 이루어져 왔던 것이다.

지상에서 하늘의 뜻을 충실히 받아 行해야 좋은 국가

국가는 하늘의 위임을 받아 지상에서 영혼집단을 맡아 기르는 체제이다. 말하자면 국가의 지도주체는 神에게서 권한을 위임받은 중간관리자와 같다고 할 수 있다.[6]

최고경영자로부터 신임 받는 중간관리자는 어떤 덕목을 가져야 할까. 첫째로는 최고관리자를 향한 완전한 충성이 있어야 하겠고 두 번째로는 재량권을 효과적으로 활용할 수 있어야 할 것이다. 권한 내에서 충분히 처리할 수 있는 일을 일일이 최고관리자에게 물어서 결정하려 하는 중간관리자는 그다지 신임과 총애를 받지 못할 것이다. 오히려 최고경영자를 향한 충성이 변함없는 전제하에서는 할 수만 있다면 거의 대부분을 재량으로 처리할 수 있어서 최고경영자를 편하게 해주는 중간관리자가 이상적이라고 하겠다.

그렇다면 神이라는 최고경영자로부터 영혼집단을 위임받아 구성원 각자의 지상에서의 탄생목표를 이루도록 하여 '돌려

---

[6] "각 사람은 위에 있는 權勢들에게 屈服하라 權勢는 하나님께로 나지 않음이 없나니 모든 權勢는 다 하나님의 定하신바라" (로마書 13:1)

Ⅱ. 이념과 국가

보내는' 일을 담당하는 국가 또한 할 수 있는 限 자신의 재량권의 범위라고 할 지상에서의 業을 최대화하여야 神에게서 총애 받는 좋은 나라가 될 것이다.

이를 위해서는 우선 국가사회가 正義로워야 한다. 사람들 사이의 관계에서 어느 한 쪽에서 惡을 행하여 상대방에 피해를 입혔다면 그대로 둔다 하더라도 언젠가는 반드시 業에 의한 응보가 일어날 것이다. 그러나 이렇게 하늘의 통치원리가 적용되도록 하는 '하늘의 수고'를 기다리지 않고 먼저 인간사회에서 가해자를 엄벌한다면 지상의 국가의 재량권을 활용하여 하늘의 수고를 던 것이 되므로 神에게서 총애 받는 좋은 나라가 될 자격이 있다.

두 번째로 신분의 차별이 없어야 한다. 왕족과 귀족의 세습제에 맞춰서 영향력이 큰 인물이 되거나 좋은 환경의 삶을 보상받을 자를 하늘에서 일일이 선별하여 내려 보내야 한다면 이러한 국가는 마치 자기 관할하의 일처리를 일일이 최고경영자에게 물어보고 행하는 무능한 중간관리자와 같다. 국가의 구성원이 국가 내에 태어난 이후에 이들 중에서 큰 영향력을 행사하거나 좋은 생활환경을 얻을 자를 지상의 체제 내에서 찾아내어야 神에게서 총애받는 좋은 국가이다.

神에 의한 신분차별에 의지하지 않으면서도 '인간에 의한 차별'에 따르는 막중한 부담을 회피하기 위해 교육제도 등 여러 곳에서 추첨에 의한 결정을 채택하는 경우들이 있다. 민주주의 사회가 신분제 봉건사회보다 正義로운 것은 탄생 이전에 神의 뜻으로 정하는 신분에 의해서보다는 地上에서

2. 좋은 나라와 국가지도이념

사람의 노력으로 성취할것이 더 크기에 하늘의 뜻이 땅에서 이루어지게 하려는 목표를 향해 나아가기 때문이다. 이에 따르려면 교육과 복지의 각종 혜택의 대상자도 정책시행자가 책임을 지고 최선의 대상을 선발해야 한다. 이러한 책임을 회피하고 추첨으로 神에 책임을 돌리는 정책시행자 및 그런 나라는 축복을 받을 수없다.

국가의 업보와 조세정의(租稅正義)

보통 인간영혼의 발전단계가 낮으면 돈에 집착하며 단계가 높아지면 돈을 초탈한다고들 한다. 그러나 이것은 현상의 단편(斷片)이다. 돈이라는 말초적 단어로 규정하지 말고 살피면 인간이 행하는 업무행위의 보상으로 들어오는 재화수입의 양은 그 행위가 현재 지상에서 얼마나 필요로 하는 것이냐의 척도이다. 이 필요성이란 공익 혹은 관련자의 영적성장이라는 大義의 관점에서의 필요성이 아니라 관련된 모든 사람들의 업장(業障)에 따른 반응작용의 필요성이다. 지상에 사는 모든 사람은 이 필요성을 충족하고자 노력해야 한다. 다만 각 사람에게는 지상에서 해야 할 사명(使命)이 있는데 어떠한 길이 지상의 현실에서 얼마나 사람들에게 필요성을 인정받아 충분한 재화의 보상을 받을 수 있느냐 하는 것으로 사람이 길을 선택해서는 아니 되고 자기의 주어진바 사명을 충실히 따르는 것이 올바른 길인데 이것을 우선해서 지키는 높은 발전단계의 영혼은 마치 지상에서의 반응 즉 재화수입에

Ⅱ. 이념과 국가

는 초탈한 듯이 보이기에 그렇게들 여겨지는 것이다. 조직폭력배가 공갈(恐喝)과 속임수로 많은 돈을 얻는 것은 관련자들과의 업보해소에 필요하기 때문이다. 은거하는 수도사가 찾아낸 심오한 진리도 당장에 때가 되지 않으면 당시 사람들의 인생설계의 실현에 소용이 되지 않기에 재화수입의 원천이 되지 못한다.

헌금이나 기부금을 모을 때 부자(富者)의 많은 돈보다 빈자(貧者)의 적은 돈이 더 정성이 있는 것이라는 말이 있다. 물론 주는 자의 입장에서는 더욱 큰 성의가 필요한 것이다. 백억을 가진 자가 일억을 기부하는 것보다 백만을 가진 자가 일만을 기부하는 것이 한계효용의 법칙에 따라 더 큰 성의가 필요하다. 이것은 빈자의 기부를 받는 것은 받은 혜택의 업이 더욱 크다는 것이 되고 훗날 되갚아야 할 업이 커진다는 것이다. 하지만 받는 입장에서의 현실적 효용성은 부자의 기부가 크다.

가난한 과부의 헌금을 중하게 평가하는 성경구절이 있다.[7] 神과의 대응에서는 빈자의 헌신적 기부는 단지 그에게 큰 은혜로 돌아올 것이다. 그런데 중간단계에서 인간의 소용을 위하여 쓰였을 경우에는 빈곤한 기부자에게 큰 신세를 진 것은 그만큼 받은 자 측의 갚아야할 업보가 된다. 백억을 가진 자

---

[7] "가라사대 내가 참으로 너희에게 말하노니 이 가난한 寡婦가 모든 사람보다 많이 넣었도다 저들은 그 豊富한 中에서 獻金을 넣었거니와 이 寡婦는 그 苟且한 中에서 自己의 있는 바 生活費全部를 넣었느니라", 누가복음 21:3~4

2. 좋은 나라와 국가지도이념

하나에게서 일억을 기부 받는 것보다 백만을 가진 자 일만명에게서 일만씩 일억을 기부 받는 것은 그 업보의 무거움이 일만배 그이상이 되고 마는 것이다.

주는 자에게 최대한 업보적인 신세를 덜 지면서 받은 자는 다시 그것을 많은 사람에게의 큰 혜택(빈자에게의 작은 혜택은 부자에게의 큰 혜택 이상의 善業이 된다.)으로 돌려보내면 세상의 선업을 증가시키는 일이 된다. 특히 기부를 받는 자가 국가이면 조세정의는 국가의 업보적인 건전성을 향상시키는 결과를 가져와 그 국가의 번영을 기약하는 것이다.

이렇게 보면 최고 부유계층 일부에게서만 세금을 받고 대다수를 면세하자는 것으로 들릴 수도 있지만 대다수 국민에게 적정의 세금을 매기는 것은 그들에게 국가에의 소속감을 상기(想起)하는 효과가 있고 또 국가 운영자 층에게 업장(業障)을 부과함으로써 함께 국가 공동체로서의 연(緣)을 결속하는 의미가 있기에 역시 유효하다.

자본주의는 봉건주의 신분사회를 벗어나기 위한 가치관

사회주의 등의 이념지향에 입문한 젊은 운동인은 신분계층 철폐를 위한 타도대상의 대명사인 부르조아계층이란 것이 본래 더욱 선명한 신분구별 언어인 귀족이란 것과 다르다는 것을 알고는 조금 혼란을 겪는다. 그러나 하늘에서 미리 설정된 선천적 계급인 귀족과 지상에서의 후천적 노력으로 형성되는 신흥자본가계급의 의미는 지대한 차이가 있는 것으로서

Ⅱ. 이념과 국가

신분사회 질서변화의 의미가 있다.

 이제까지 출생신분에 의해 얻어졌던 권리(權利)를 지상에서의 노력으로 얻을 수 있도록 사회가 변화하기 위해서는 개인이 소유하고 있는 재산이 상속받은 상태에서 머무르지 않고 소유한 자의 노력에 의해 달라질 환경이 만들어져야 한다. 이리하여 자본(資本)이 신분 대신에 사회적인 힘을 가질 수 있는 자본주의가 신분제도 철폐를 위한 지도이념으로 도래한다. 출생신분이 지상에서의 노력으로 더 올릴 수 없는 반면에 자본은 지상에서의 노력으로 더 커질 수 있다. 자본주의 사회 도래의 의미는 사람들이 지상에서 이익을 내는 과업에 활발하게 종사함으로써 天上에서 했었던 신분선택이 지상에서 가능하게 되었다는 것이다.

 사람들은 흔히 졸부(猝富)라 하여 재화를 많이 가졌지만 가문의 위상이나 인격적 고상함이 그에 미달하는 사람을 낮추어보려는 경향이 있다. 이것은 富 즉 생활의 여유가 사람의 타고난 신분환경과 적당히 어울려야 한다는 신분제사회 사고방식의 잔재라고 볼 수 있다. 물론 자수성가에 의한 당대(當代)의 성공을 인정하는 현대에는 부동산 가격상승이나 복권당첨 등 노력과는 무관한 재화획득자만을 말하고는 있지만 아직 신분제사회의 관념이 짙게 남아있던 시절까지는 비록 스스로 이룩한 재산이라 할지라도 신분과 어울리지 않게 당대에 갑자기 부를 쌓은 자에게는 곱지 않은 시선을 보내는 경향이 있었다. 신분제의 철폐와 함께 출신에 대한 사회적 편견이 사라지는 것은 인간사회가 더욱 하늘의 일을 땅에서

2. 좋은 나라와 국가지도이념

처리하도록 변화함을 말한다.

지상의 노력을 신분상승에 반영하려는 시도는 그 전에도 있었다. 과거제도(科擧制度)에 의한 실력에 따른 관리선발이 그것이다. 하지만 이것은 남을 다스릴 자들만으로 세상에서의 노력보상의 범위가 한정된 것이었다. 자본주의는 모든 생활인에게 출생신분의 한계를 지상에서 극복할 길을 열어주는 효과가 있다. 그래도 남아있는 재산의 상속제도는 자본주의에 저항하는 봉건주의 시대의 관성(慣性)이다.

자본주의에 의해 인간이 출생상태의 한계를 극복하고 생애 중에 최대의 노력을 할 동기부여가 되었다는 것은 인간이 지상에 태어나 영적수련에 보다 충실한 삶을 살게 되는 변화이다. 그 전까지의 신분제 사회가 인류사회의 질서를 잡아가는 과정이었다면 이제 각자에게 인생목적의 최대치를 얻을 기회가 주어지는 것이다.

자본주의가 실현되는 사회를 행위규범에 중점을 두어 표현하면 자유주의가 된다. 순종(順從)이 최고의 미덕이었던 봉건시대를 지나 각자의 할 수 있는 바를 최대한 스스로 실천하는 것을 으뜸의 미덕으로 삼는 사회이다.

국가 구성원의 영혼진화수준에 맞는 사회제도 필요

윤회를 통해 인간영혼이 부족함을 보완하며 지상에서 수련하는 과정은 대략 다음의 다섯 단계로 나뉜다고 한다. 국가사회에 각각의 단계에 해당하는 영혼이 다수를 점유할 때 그

Ⅱ. 이념과 국가

국가사회에 적합한 체제이념도 변화해 나아간다.

 第一단계 생존지향의 삶 : 동물과 공통되는 생존형의 삶으로서 지상에 살아남기 위한 노력으로 영혼을 단련하는 삶이다. 원시시대는 대부분의 사람들의 영혼이 이 단계에 있는 시대이다.
 第二단계 규율형의 삶 : 올바로 살기 위한 규칙에 충실히 따르며 절제하는 중에 영적성장을 하는 단계이다. 대부분의 사람들의 영혼이 이 단계에 있었던 시대가 봉건시대이다.
 현대에 이르러 있지만 아직 이들 一二 단계에 머물러 있는 영혼이 다수를 차지하는 국가사회에서는 권위주의 통치 혹은 회교(回敎)규범에 의한 국민통제의 방식으로 나타난다.
 第三단계 성취지향의 삶 : 자기의 노력으로 재물과 명예 등을 추구하여 인생 중에 성취감을 얻을 것을 목표로 하는 삶이다. 다른 사람들을 지도하는 지위를 추구하는 목표는 상대적으로 기회에 한계가 있으므로 모두에게 해당하는 성취목표는 충분한 재화를 획득하여 행복한 삶을 살 기반을 만드는 것이다. 국가에 이 단계에 이르는 영혼들이 많아지는 시기에 자본주의는 태동하게 된다.
 第四단계 관계지향의 삶 : 여기서 추구할 단계는 인간 삶의 진정한 목표이기도 하다. 물질보다는 사람들 사이의 인연을 중시하고 그들과의 관계를 향상하는 목표를 가진 인생을 산다. 과거 생존경쟁의 과정과 성취경쟁의 과정에서 쌓았던 악업을 해소하는 것도 이 과정(過程)에서의 과업(課業)이다.

2. 좋은 나라와 국가지도이념

더불어(social) 지냄을 중시한다는 의미의 사회주의는 서로간의 관계를 중시하는 인간사회의 인연관계 향상을 최우선의 목표로 하는 이념이다. 사람들이 거의 자기의 이익에 초연하고 타자본위의 함께 나누어 사는 삶을 살고자 하는 사고방식을 가지게 될 때 이러한 체제가 가능하다.[8]

공산주의는 이러한 가치 下에서 가능한 생활형태이다. 구성원이 재물에 욕심이 없으니 모두가 함께 생산하고 나누어 가저 衣食住의 필요한 생활물품을 보장하도록 하고 구성원은 물질추구 그 이상의 가치를 함께 추구하자는 것이다.

第五단계 超世의 삶 : 세상을 넓은 시야로 관조(觀照)하며 세속의 가치를 중히 여기지 않고 초월한다. 이러한 사람이 다수가 되는 사회라면 이미 지상에 '하나님의 나라'가 도래한 '지상천국'이라 할 것이다. 즉 인간이 행사하는 강제력에 의한 국민통제가 필요 없으니 정부가 필요 없다.

---

[8] 〈영혼들의 여행〉의 저자 마이클 뉴튼 박사의 '영혼진화의 5단계설'에 따르면 인간영혼은 그 성숙단계로 볼 때 다섯으로 분류된다. 위의 '1.생존지향의 삶'을 사는 영혼을 '유아영혼'(infant soul)이라고 한다. 2,3,4의 삶을 사는 영혼을 각각 '어린 영혼'(child soul), '젊은 영혼'(young soul), '성숙한 영혼'(mature soul)으로 분류하여 한 인생에서 사람이 나이를 먹고 성숙하는 것에 비유하여 설명한다. 이 4단계를 지난 영혼은 '오래된 영혼'(old soul)이라 하여 세상을 넓은 시야로 관조(觀照)하며 세속의 가치를 중히 여기지 않는 초세(超世)의 성향을 가진다. 오래된 영혼이 다수가 되는 사회라면 이미 지상에 '하나님의 나라'가 도래한 '지상천국'이라고 볼 것이다. 오래된 영혼 즉 老靈에 관해서는 저자의 〈꿈꾸는 여인의 영혼여정〉에 자세히 다루어져 있다. 지상의 인생을 영혼성장과정의 축소판으로 보는 관점은 저자의 〈생애를 넘는 경험에서 지혜를 구하다〉에 전개되어 있다.

Ⅱ. 이념과 국가

이러한 무정부상태를 목표로 하는 좌파이념인 무정부주의 즉 아나키즘[9]이 있다. 아나키즘은 주장하며 사회제도를 고쳐나가서 가능한 것이 아니라 인간의 영혼이 충분히 고양(高揚)되는 선행과정(先行過程)을 거쳐야 실현가능할 것이다.

사회주의는 인간 인연을 최대한 개선하기 위한 가치관

이러한 봉건주의 -〉자본주의 -〉사회주의로의 변천은 인간 공동체 구성원의 대체적인 영적발달의 수준에 맞는 영혼 교육환경의 변천이라고 볼 수 있다.[10] 인류가 얼른 상위의 과정을 밟을 수 있게 되는 것이 당연한 희망이지만 중간의 과정을 거치지 않거나 제대로 수료하지 않고서 상위의 과정에 들어가는 것은 폐해를 부른다. 개인에 비유하면 초등학교 과정을 마친 학생을 중고교 과정을 거치지 않고 대학생이나 성인의 대우를 한다고 하면 그 학생이 과연 올바로 자랄 것인가 따져봐야 하는 것이다.

미성숙한 국가사회가 섣불리 지상에서 추구하는 가치를 부정하고 天上의 본질적 가치를 따르기를 제도화한다고 하자.

---

9) 이문열의 〈영웅시대〉에는 아나키즘을 추구하는 좌파지식인이 다수 등장한다.
10) 민주주의는 소수의 선택된 자들이 다스리는 봉건주의를 벗어난 다수의 특혜 받지 않은 민중에 의한 국가운영을 말하는 것이니 자본주의 및 사회주의와는 별도의 차원에서의 사상이지만 자본주의 단계와 사회주의 단계의 올바른 발달이 곧 민주주의를 실현하는 과정이라고 볼 수 있다.

2. 좋은 나라와 국가지도이념

국가사회의 제대로 된 성장은 불가능하고 오히려 퇴보의 위험을 맞는다. 그러한 현상의 초기단계는 우리 한국사회에서 이미 나타나고 있다.

학생을 평가하는데 자본주의적 요소인 성적(成績) 경쟁보다 사회주의적 요소인 타인을 향한 배려심을 기준으로 한다 하여 인성평가와 봉사활동실적을 입시에 반영하려는 제도는 객관성이 없어지면서 입시제도를 복잡하게 만들어 학생의 평가에 성적외적으로 영향력을 행사할 수 있는 특권층과 부유층에 유리한 입시제도를 만들고 있다.

사람들이 경제력 보다는 인간성으로 평가받아야 한다는 것을 억지로 제도화하여 주관적(정치성향적) 기준의 선행(善行: 유공자) 평가에 따른 인위적 특혜의 설정은 신흥귀족을 형성하여 봉건제도로의 회귀를 도모하고 있다.

어느 국가이든 사회주의 등의 경쟁지양적(競爭止揚的)인 진보정책의 주장을 하는 분파는 사회가 성숙되었다는 판단하에 주장하는 것이 아니라 자유경쟁체제 內에서는 자기네의 분파가 상류층진입이 어려운 현실에서 성적이나 능력의 경쟁이 아닌 방법으로 상류층진입의 길을 열고자 하는 것이다. 그러나 사회성숙의 여건이 안 된 상태에서의 경쟁지양은 자본주의 이전의 신분제 사회로의 회귀를 의미한다.

사회주의는 모든 국민이 지식(知識)과 지혜(智慧)가 충만하여 삶의 철학이 보편화되어 모두가 눈앞의 이익보다는 大義를 생각하는 君子가 되었을 때에 조심스럽게 가능한 체제이념이다.

Ⅱ. 이념과 국가

아나키즘/무정부주의/절대자유주의는 극좌이념

아나키즘은 무정부주의라고 번역되지만 본래취지를 더욱 완전히 표현하자면 절대자유주의라고 볼 수 있다. 정부를 비롯한 자본과 권위 등 모든 통제로부터의 해방을 추구하는 '사회이념'이다.

자유주의라고하면 통상 보수적 이념을 지칭한다. 평등과 상대되는 말로도 간주된다. 개인의 자유의 존중을 우선하면 능력 있는 개인들이 남보다 많은 이권(利權)을 얻고 누리는 것이 정당화될 수 있다. 좌파적 입장에서 부정적으로 관찰하면 강자에 依한 약자에 對한 착취가 행해지는 것이다. '성공한 자만이 자유롭다'는 어느 대중문화의 문구도 있듯이 개인의 자유는 사회구조에서 상대적으로 제약되는 것이 우파적 自由主義의 실정이다.

절대자유주의라고 하면 이러한 상대적 영향이 없이 모든 사람이 통제와 억압 없이 자유를 누리도록 한다는 것이다. 물론 현실을 볼 때 금방 모순이 드러나고 의문이 생긴다.

개인 간의 부당한 탈취나 편취가 있을 때 이를 교정할 권위가 있어야 하는데 이 또한 통제와 억압의 근원이 된다. 생산방도를 찾는 능력이나 독자적인 생산능력이 부족한 민중에게 더 효과적인 생산의 길을 제시하고 인도하여 각자의 능력보다 더 많은 생산물을 얻게 하여 민중의 생활을 향상시키는 것이 기업의 기능인데 이 또한 지배구조의 하나이다.

2. 좋은 나라와 국가지도이념

아나키스트를 자처하는 측에서도 협동농장 등의 효과적인 공동생산방식을 인정하기는 하며 다만 각자의 능력이나 기여에 따르는 것이 아닌 수요에 따른 분배를 주장한다. 하지만 아무튼 간에 이 또한 통제의 일종이기는 하며 사회주의에 속할 뿐이다.

결국 협동농장이든 완전한 개인생산이든 아나키즘은 사회주의보다 더 나아가서 인간사회의 구성원 모두가 성인(聖人)에 가까워 불필요한 물욕이 없이 자신의 소임(所任)과 소명(召命)만을 찾는 사람들이면서 독립적으로도 충분한 복락(福樂)의 취득 능력이 있는 상황에서 가능한 이념이다.11) 진정한 극좌(極左) 이념은 이를 말한다. 인간사회의 동물적 생존경쟁을 강조하는 극우가 폭력을 용인한다고 하여 '폭력을 수반하는 좌파'를 극좌라고 하여 김일성 스탈린 체제 등을 지칭하려는 것은 틀린 말이다.

보수주의는 영적성장의 최적환경 제공에 名分

현재의 국가사회를 구성하는 영혼들의 발달수준이 아직은 모자라다고 신중히 판단하여 사회지도이념을 채택하고자 하는 보수주의는 인간으로 태어난 영혼에게 영적성장의 기회를 최대한 살려주려하는데 가치를 두고 있다.

반면 진보주의는 현재 국가사회의 영적발달수준을 후하게

---

11) 강태공은 명망있던 아나키스트 형제를 국가의 구성에 불필요하다 하여 죽였다. (이문열, 〈황제를위하여〉)

Ⅱ. 이념과 국가

평가하여 현생에서의 복락을 우선시한다. 이러한 정책방향은 당장에 국민의 인기를 얻기에 유리하여 흔히 무책임한 진보주의정책을 인기영합주의 즉 포퓰리즘이라고 지칭한다.

보수주의가 인간을 영적성장의 길로 인도한다는 것은 국민에게 비교적 편한 길을 제시하는 진보주의보다 불리한 듯 여겨질 수 있다. 하지만 인간사회에는 종교 등의 방식으로 현생의 복락 그 이상을 추구하는 사람 역시 다수이니 설득의 체계를 갖추면 경쟁력이 있다.

지구의 환경을 강조하는 운동은 흔히 진보주의로 분류되지만 지구의 문명의 부작용을 우려하고 '자연으로 돌아가자'는 것에서 적극적 '進步'주의는 아니고 '이제는 인간의 번영을 위한 지구환경희생'은 그만할 때도 되었다는 '소극적 진보주의'이다 (물론 활동은 때로 과격하기도 하지만). 목축의 의한 메탄가스 생성 등을 문제삼고 심지어는 한 사람이 지구에 덜 태어나면 지구의 환경보전에 큰 기여가 됨을 說 한다.

그러나 인간의 지구에의 생존 목적은 지구라는 물질계에 다소의 부담을 준다 하더라도 이를 통해 영적 존재강화를 도모하는 것이니 그 목적에 충실한다면 환경보전 주장과 협상(協商)할 자격이 되는 것이다.

진보주의 실현은 충분히 넓은 시야에서야 가능

인간 개개인의 영혼은 전술(前述)한 각 단계의 삶을 거쳐가면서 우주와 세계를 보는 관점이 높아지고 시야가 넓어진

2. 좋은 나라와 국가지도이념

다. 사회구성원의 수준이 진보하였다고 판단하여 그에 해당되는 제도를 운용하려면 그 지도자 또한 충분히 높은 관점에서 넓은 시야를 가져야 한다. 사회구성원의 발달수준은 물론 지도자 자신의 수준도 신중히 파악하여야 進步主義의 실현이 가능한 것이다.

흔히들 左派政體에 관하여 理想은 좋지만 현실에 맞지 않아 모순이 생겼다고 하는 이야기는 진보주의 정책실현의 적용에 있어서 충분히 넓은 시야를 가지지 않고 실행하였기에 문제가 생기는 것이다. 도둑을 용서하여 풀어주는 것은 도둑과 풀어주는 사람 두 사람의 범위에서는 착한 행위이지만 두 사람 밖의 세상에까지 시야를 넓히면 마냥 착한 행위라고만 보기는 어렵다. 노동자의 권익을 자본가에 우선하여 옹호한다는 것은 이미 재산을 가지고 있는 자의 관성적(慣性的)인 권익행사보다는 현재 실행하고 있는 노동을 통해 영적성장을 이뤄야 하는 자의 노동권이 우선한다는 것이므로 우주정의(宇宙正義)에 맞는 것이지만 현실적용에서는 눈에 띠고 강하게 주장을 펴는 대기업고임금 노동자에게 사치성 소비를 위한 소득을 더해주는 것에 그침으로 인해 우주정의에 위배되는 것 등이다.

간음한 여인을 엄벌하는 당시의 율법이 있지만 예수가 용서의 例를 보인 것은 인간은 세상에서 최대한의 인연관계를 통하여 영적 단련을 하여야 함에도 여성이 남성권력의 독점욕에 의하여 인간관계가 제한되어 체화(體化, incarnation)의 기회를 충분히 활용하지 못함을 막는 것이었는데 이후로

Ⅱ. 이념과 국가

도 이천년 가까이 여성의 '자유'가 속박되었음은 예수의 설파(說破)는 상당히 진보적으로서 절대진리에 바탕을 둔 것이었는데 인간의 제한된 세계관으로는 가르침의 올바른 실시에는 많은 난관이 있었다는 것이다. 진보적 이념을 실시하기 위해서는 실시주체의 그만큼의 영적 포괄성이 있어야 했음이고 분수를 넘는 진보이념의 실시는 재앙으로 돌아오는 사례 또한 많았던 것이다. 예수의 '판밖'[12] 후계자인 바울은 가르침을 이으면서 신도에게 실천사항을 가르칠 때 예수가 이미 구약보다 가진 진보성에서부터 한 발짝도 더 나아가지 않았다. 서간문에 밝힌 여러 신앙지침은 복음서로 기대되는 진보사회의 출현을 오히려 주춤하게 하는 것이었다.[13] 바울이 예수보다 보수적인 입장을 가진 것은 예수와 비견(比肩)될 수 없는 본분을 지켜야 함이었다. 본분을 지키지 못함은 만악(萬惡)의 근원임을 사상가와 정치인은 명심해야 할 것이다.

하늘의 뜻에 충실한 좋은 나라의 실현형태로서 우리 文化에서는 君子國을 목표로 하였다. 신라가 그리했고 조선의 건국에서도 정도전(鄭道傳)은 "백성 모두가 군자가 되는 나라"를 세우고자 하였다. 좋은 나라는 구성원의 영적 성장에 최적인 나라임을 언급한 바 있듯 백성 모두가 군자인 나라는

---

12) 근대 민족종교에서는 원교주(原教主) 직계의 제자들 간에 후계자가 지정되려면 경쟁이 극렬하여 결국 후계자는 직계제자들을 제치고 판밖에서 나온다는 주장이 있다. 이는 이미 기독교에서 선례를 찾은 듯하다.
13) 〈예수냐 바울이냐〉 문동환, 도서출판 삼인, 2015

2. 좋은 나라와 국가지도이념

다음에 설명되는 군자의 定義에 따르면 최상의 이상국임이 인정된다.

영혼의 발달정도를 두고 동양고전에서는 小人과 君子로 양분하기도 했는데 小人과 君子는 그 사람 영혼의 절대수준보다도 그 사람이 물질추구의 삶을 사느냐 영적향상의 삶을 사느냐로 구별된다. 君子는 사람의 일생을 넘어선 우주의 永續과정에서 어린이와 같이 성장을 추구하는 자이다. (眞實로 너희에게 이르노니 너희가 돌이켜 어린아이들과 같이 되지 아니하면 決斷코 天國에 들어가지 못하리라 - 마태福音 18:3)

君子와 小人

인간이 지켜야 할 도리를 논할 때는 곧잘 군자와 소인의 이야기를 화두로 한다.

그런데 왜 군자는 子이고 소인은 人일까.

군자보다 고상한 인격을 말하는 聖人은 人이다.

한편 어린이를 뜻하는 한자어 해자(孩子)는 子이다.

	未完成狀態	完成狀態
上位人格	君子	聖人
下位人格	孩子	小人

- 소인, 성인, 해자(어린이), 군자의 관계식 -

Ⅱ. 이념과 국가

어린이는 성장하여야 한다. 현재의 자신의 상태에 결코 만족할 인격이 아니다.

군자 또한 인간으로서의 부족함을 항상 염두에 두고 성장을 추구한다.

聖人은 인간으로서 더할 수 없는 격에 달한 사람이다. 그러므로 안정된 존재다.

小人은 그저 인간으로서 쾌락과 이익을 추구하는 존재다. 자신이 놓인 상황을 불평할 수는 있으나 현재보다 나은 자신의 인격을 위해 수양하지는 않는다. 그러므로 역시 '안정된' 존재다.

군자는 윤회의 여정 위에서 영적 성장을 추구하는 존재이다. 영적 성취를 향한 과정에서 어린이 즉 子와 같은 입장이다.

어린이는 자라서 成人이 된다. 그러나 신체가 성장하였다고 하여 정신적인 성장을 더 이상추구하지 않는다면 小人에 머물게 된다.

어린이는 한 일생 중에 성장을 추구하는 상태이다. 그러나 인간은 윤회를 거듭하며 성장을 추구해야 한다. 그러므로 이미 성장한 듯이 보이는 성인이라도 영원한 존재를 향하여 계속 노력해야 한다.

군자는 윤회를 넘어 성장을 추구하니 영혼발전과정에서 아이와도 같다. 성서에서도 천국에 들어가려면 아이와 같이 되라고 하였다. 이는 흔히 단순하게 되라는 말로 돌리기도 하지만 아이와 같이 자기보다 나은 존재를 앙망하며 성장을 추

2. 좋은 나라와 국가지도이념

구해야 하는 것이다. 군자는 영적인 향상을 추구하는 완성되지 않은 존재이다.

君子와 聖人 - 〈莊子〉天地篇[14]

堯임금이 華땅에 놀 때에 華의 封人[15]이 堯임금을 보고
"오 聖人이여, 청하노니 聖人을 위하여 장래의 복을 빌고 壽를 빌게 하소서"하였다.
堯 "사양하노라"
封 "그러면 富를 빌게 하소서"
堯 "사양하노라"
封 "그러면 多男을 빌게 하소서"
堯 "사양하노라"
이에 封人은 물었다.
"壽와 富와 多男은 누구나 다 가지고자 하는 것이어늘 홀로 당신만은 가지고자 하지 않으니 무슨 까닭입니까"
堯 "사내자식이 많으면 걱정이 많고 부자가 되면 일이 많고 오래 살면 욕이 많은 것이다. 그러므로 이 세 가지는 德을 기르는 도움이 되지 못하는 것이다"
封 "처음에 우리들은 당신을 聖人으로 알았더니 이제 보니 君子로구나. 대개 하늘이 만물을 만들어 내고는 반드시

---

14) 〈東洋의 思想〉良友堂, 1985, 5 莊子 金達鎭 譯
15) (原註)華封人 - 華는 地名. 封人은 境界를 지키는 사람. 賢人으로서 下位에 숨어있는 사람.

Ⅱ. 이념과 국가

그 직분을 주는 것이니 많은 아들을 주고 또 그 직분을 주는데 무슨 걱정이 있을 것이며 부자가 되더라도 남과 나누어 쓰면 무슨 일이 있을 것인가. 대개 성인은 메추리처럼 살고(일정한 곳이 없음. 곧 편하기를 구하지 않음) 새새끼처럼 먹으며(어미의 먹이를 기다림. 곧 배부르기를 구하지 않음) 그 行은 새가 허공을 날으듯 자취를 나타내지 않는 것이다. 천하에 道 있으면 모든 物과 더불어 함께 성하고 천하에 道 없으면 홀로 德을 닦으면서 한가히 사는 것이다. 그리하여 千년이 지나 세상이 싫어지면 세상을 버리고 신선이 되어 저 흰 구름을 타고 帝鄕(天帝의 서울)에 이를 것이다. 거기에는 셋 근심(물 불 바람 혹은 늙고 병들고 죽음)이 이를 수 없고 몸은 언제나 편할 것이니 거기에 무슨 욕이 또 있을 것인가"

하고 封人은 그만 그곳을 떠났다. 堯 임금은 그를 쫓아가서

"한 마디 묻고 싶습니다"

하고 청했으나 봉인은 말했다.

"그만 물러가라"

여기서 君子와 聖人의 차이는 영혼성장을 위한 과정상의 조건에 영향을 받는가의 與否로 볼 수 있다. 어린이(孩子)가 成人이 되기 전까지는 음주 성교 등 쾌락을 탐닉하는 행위가 금지된다. 육체적 미성년자는 성년이 되기까지 자기절제를 해야 하는 것이다. 마찬가지로 영혼성장의 미성년자와 같은 君子는 유혹에 휩쓸리는 환경을 경계하고 절제해야 할 것이

나 聖人이라면 유혹에 휩쓸리는 환경에 놓인다고 할지라도 개의치 않고 자기를 지킬 自信이 있어야 할 것이다. 요임금이 유혹이 될 만한 요소를 경계한 것을 지방하급관리(封人)는 영적인 성숙자인 聖人이라기보다는 영적성장에 열심인 君子의 수준에 있다고 평한 것이었다.

만약에 국가의 백성 모두가 군자를 넘어 성인이라면 이 경우는 국가의 효용성이 없게 되어 무정부주의 즉 아나키즘이 실현되는 환경이다.

3. 애국은 인류발전방식의 보존

국가 및 민족의 다양성을 중요시하고 상호경쟁을 통한 향상을 추구하는 게 우파라면 지상에서 경쟁과 다툼을 없이하고 화합과 평화로 나아가자는 것이 좌파이다. 국가의 지도자는 현재의 자국사회와 세계가 어느 상태에 머물러 있는지를 냉정히 판단하여 이념의 좌표를 정해야 할 것이다. 좌우의 극단적 판단을 피하고 인류사회의 현 실정에 적합한 것은 국가 간의 관계도 君子의 和而不同을 취하고 小人의 同而不和를 止揚하는 것이다.

애국심은 우파의 중요가치의 하나이다. 우파를 형성하는 집단은 그 나라의 환경에 익숙한 영혼집단이다. 건국당시에 저들의 성향에 따라 건국이념을 설정했으니 저들의 성향에 어울리는 이 나라에 애착을 가지고 국가의 가치를 지키고자 노력한다. 태어난 신분과 환경을 최대한 활용하여 영적성장

Ⅱ. 이념과 국가

을 도모해야하는 보수적 가치를 위하여 하늘이 부여한 인생학습 환경인 국가체제를 (天上에서 이미 자신이 선택했으니) 존중한다.

　기독교는 영적성장을 위한 보수적 가치를 중시한다. 동성애의 죄악시가 대표적이다. 전생에 여성으로서의 경험이 강하여 남성다운 성적지향(性的指向)을 충분히 가지지 못했다 하더라도 현생에서 남성으로서 태어났다면 남성으로 살기 위하여 노력해야 하는 것이 탄생의 목적과 소명(召命)을 이루기 위한 길이다. 그런데 마찬가지로 전생에 유럽인 등으로서의 경험이 강하더라도 현생에 한국인으로 태어났다면 한국이란 나라의 전통가치를 존중하며 신앙에 임해야 자신이 한국인으로 태어나게 한 하나님의 뜻 그리고 기독교가 시기(時機)를 맞춰 한국에 전파된 의미를 살리는 것이다. 한국인으로 태어났다고 해도 전생의 경험에 누적된 취향만을 따라 구미(歐美) 문화 등에만 관심과 애착을 보이며 한국의 전통문화는 백안시하는 사람이 있다면 트랜스젠더를 비난할 자격이 없다. 그 사람은 구미에 태어났다면 만족스런 인생을 살 수 있었을 것이다.[16] 한국에 태어난 이유는 본래의 일차지망이었던 구미 땅에 태어날 자격이 부족하여 어쩔 수 없이 밀려나 한국에 태어난 떨거지 영혼이었기 때문이다. 한국에 탄생의 소명을 가지고 태어나는 영혼으로서는 누적된 전생경험의

---

16) 저자는 작가 이문열의 태작(怠作)으로 분류되던 〈추락하는 것은 날개가 있다〉의 주인공의 미국동경을 이와 같이 해석하였다. (〈이문열의 삶과 문학세계〉, 2020, 북스타)

3. 애국은 인류발전방식의 보존

지향이 있다고 하더라도 한국 땅에서 태어난 의미를 살려 한국의 전통가치를 융합하여 살릴 노력을 해야할 것이다.

한국에서는 통상 진보좌파로 분류되는 세력이 사건발생 당시로부터 팔십년이 지난 지금까지도 일본의 침략에 따른 피해를 국민에게 상기(想起)시키며 유달리 '애국심고취'를 하는 경향이 있다. 이는 속칭 진보좌파의 뿌리가 대륙에 인접한 북방지역의 야인(野人)인 것에 있다. 본래 중국과 통하며 활동했던 세력으로서는 한국이 해양세력권의 영향에 있는 것보다는 대륙의 영향권에 있는 것이 자측의 세력 확장에 유리할 수밖에 없다. 이러한 상대적인 대륙편향은 理解가 가능하지만 일본과의 국가적 갈등을 오랜 세월이 지나도 계속 부각시키는 것은 인간의 탄생배경으로서의 국가의 영향력을 덜고자 하는 진보이념과는 모순된 것이다.

상대적 차이가 있더라도 어느 나라건 보수와 진보를 막론하고 애국심의 가치는 적어도 겉으로는 否定하지 못한다. 정확히는 어느 나라이건 국가를 관리하는 세력은 어느 정도의 보수성을 띠고 있다고 해도 옳다. 아직까지도 인류사회에서 애국심은 손꼽는 중요가치이며 때로는 正義와 동일시되기도 한다.

역사상 애국심의 구현은 대체로 왕조국가시절 주군을 향한 충성 등에서 나타났지만 본질적 의미는 자기가 익숙한 생활방식의 공동체를 지켜나감으로써 현생 혹은 후생에서의 지상의 삶을 원활히 영위하고자하는 목적이다. 여러 국가와 민족은 저마다의 애국심으로 경쟁하여 자기네 부류의 영혼에게

Ⅱ. 이념과 국가

적합한 지상에서의 활동의 場을 확장한다. 우월한 국가나 민족이 살아남거나 지배권을 얻어 해당 영혼집단은 후생에서 더욱 많은 영적훈련의 기회를 얻는다. 특히 전쟁에서 개개인의 존재보다 '집단의 정신' 즉 국가나 민족의 존재를 우선시 하는 성향이 강하면 그 국가나 민족은 존속할 가치를 크게 부여받는다.

군주국가 시절에는 국왕을 중심으로 한 충성으로 자연스럽게 한 국가의 정체성이 나타났다. 대부분의 국민이 규율형의 삶을 보내는 봉건시대 국가로서는 지도부의 성향이 곧 그 나라의 정체성을 규정지어 주었다.[17] 군주끼리의 정복전쟁은 곧 어느 나라가 (목숨을 걸고 용감히 싸우는 용사를 많이 배출하여) 지상의 가치를 초월한 영적가치를 유지하느냐의 상대적인 비교가 가능했고 이에 따라 구성원이 地上의 가치에 연연하는 국가사회를 퇴출시켰다.

현대 민주사회에 이르러 세계의 여러 나라는 정복전쟁은 생각하지 못하며 설사 새로운 지역을 병합한다 하더라도 그곳 주민의 의사가 중요해졌다. 그렇다면 주민이 공감할 수 있는 중심가치의 존재여부가 국가의 유지에 필수요소가 된다. 민주국가시대에는 왕조시대에 있었던 국가집단 간의 경

---

[17] 시대적으로는 왕조성행시대보다 앞서 고대 그리스 로마의 공화정이 있었음은 인간의 영적 진화가 일률적으로 시대에 따라 진행되지는 않음을 나타낸다. 해당 구성원은 이미 중세의 민중보다 진화된 영혼집단이었던 것이고 이후 지구상에의 환생이 많지 않았던 것이다. 서양의 많은 문화유산이 고대보다 중세가 못 미치는 것이 많음도 이렇게 설명된다. 중국 고전문화도 남북조시대의 문화는 춘추전국시대와 漢나라 시대의 것에 미치지 못한다.

3. 애국은 인류발전방식의 보존

쟁과는 다른 애국의 가치를 설정할 필요가 있다. 왕조에 대한 충성이라는 우상을 벗고 국가의 진정한 본질적 가치를 인식할 시기가 온 것이다.

국가는 고유의 영적성장교육과정이 존재해야

만약 우리 한국이 고유의 문화와 풍습을 버리고[18] 인류역사에서 가장 효율적이며 경쟁력이 있다고 검증된 미국의 문화로 바꿔 생활한다고 하자. 이런 경우 아무리 한국인 구성원의 혈통이 이어지고 한국 땅이 한국의 국적을 가진 사람들에 의해 다스려진다고 해도 한국이란 나라는 없어진 것이다. 한국인으로 태어난 자들은 한국특유의 인생환경에 따른 생활을 하지 않고 미국에 태어난 것이나 다를 바 없는 생활을 하게 될 것이니 하늘에서 영적성장을 위해 태어날 나라를 고를 때 미국이냐 한국이냐 하는 선택에서 한국을 고르는 선택은 없어진 것이고 다만 미국땅이라는 우선지망에 여의치 않았을 때 한국땅은 다만 후순위지망에 불과할 것이다. 한국이란 나라의 기존 영적성장 커리큘럼을 선호했던 영혼은 아예 지구에 태어날 권리를 박탈당하는 결과가 된다. 우주적 관점에서 본다면 한국인을 집단학살하고 나라를 없앤 것과 다름이 없

---

[18] 국가에서 특정 전문집단을 지정하여 문화를 승계하는 것은 진정한 승계가 되지 못한다. 근대까지 이어왔던 우리의 서적자료를 소수의 전문가들만이 읽을 수 있는 것은 문화의 단절을 뜻한다. 그 나라의 전통 지식문화는 그 나라의 지식계층이라면 특정 전문분야 종사자가 아니라도 보편적으로 수용할 수 있어야 살아있다고 볼 수 있다.

Ⅱ. 이념과 국가

다.

 이렇게 국가에 전승되어지는 가치체계가 없다면 애국심이란 것도 국가체제에서 상대적으로 혜택을 더욱 많이 보는 지배계층의 이익을 보호하는 수단에 불과하며 단지 인간사이의 계층적 지배구조에 순응함일 뿐이다.

 어떤 세력집단이 나라의 권력이나 영향력을 점유하고 있어서 국가적으로 주류이며 정치적으로 보수의 위치를 가지고 있다고 해도 전통세력과 일치해야 주류세력으로서의 위치가 유지된다. 근래에 자주 회자(膾炙)되는 이른바 한국보수의 위기는 나라의 적통(嫡統)을 유지하는 본연의 역할에 無知하거나 실천을 하지 않은 자칭 보수세력의 책임이다. 보수세력의 표면적 성과인 경제개발을 강조하고자 이제까지 이 땅의 우리역사가 가난과 허세(虛勢)로 점철된 것인 양 주장하는 것을 자주 보는데 이것은 보수세력의 전통기반을 약화시키려는 '국가전복세력'의 작전에 말려드는 것이다.

 가령 우리고유의 사농공상의 서열이 잘못된 것이고 타파해야 할 악습이라고 한다. 그러나 士農工商은 인간의 직업분화를 나타내는 좋은 의미이다. 農工商은 一二三차 산업이고 士는 수렵채집에 종사하던 시절부터 힘과 지혜로 무리를 이끌던 직분을 말하며 책상물림과는 다른 의미이다.[19] 무리를 지도하는 것은 농공상의 一二三차 산업이 발달하기 전부터 동물과 공통으로 있었던 가장 오래된 직업이다. 이것을 두고

---

19) 士는 武士 兵士 등에도 쓰인다.

3. 애국은 인류발전방식의 보존

단지 놓인 순서에 따라 차별이라는 시선을 갖는다면 일차이차삼차산업이란 말로 농공상을 구분하는 것도 편견에 따른 서열구분이니 쓰지 말아야한다는 것이나 같다.

전통문화가치 존중이 保守의 기본조건

나라의 전통문화와 가치가 영혼에 익숙하지 않아 마음에 안 들거나 적응이 어려워서 이대로의 환경에서는 그 사회에서 신분개척이 어려워 보이는 입장에 있는 집단은 진보세력을 형성하여 새로이 세력을 확장하여 지배계층으로 진입할 발판을 만들기 위해 그 나라의 전통문화와 가치를 바꾸려는 행태를 보인다. 그런데 소위 보수세력이라는 쪽이 동일한 행태를 보이는 것은 결국 자멸을 가져오게 된다. 자유민주주의 시장경제라는 歐美의 주류보수세력이 설립한 가치를 한국보수사회에 일단 적용하는 것은 타당하다. 주류보수세력은 이 땅에 생활근거를 가지고 있으며 이 나라의 전통문화환경에서 능력을 길러 경제력을 가질 바탕이 되어 있기에 자유로운 능력개발과 시장경제에서의 영리추구에 유리하다. 그러나 이러한 말단구현(末端具現)의 가치만을 보고 정작 보수의 기본가치인 그 나라 그 사회의 전통문화를 무시한다면 허사가 된다. 보수세력을 이루는 부류는 전통문화의 기반위에 고유의 민족성에 맞는 교육과 문화환경에서 소질(素質)의 계발(啓發)이 有利해지는 것인데 이질적(異質的)인 외부문화가 지배하는 곳에서는 진보세력보다 소질계발에 有利할 것이 없다. 명

Ⅱ. 이념과 국가

분싸움과 투쟁력에서 밀리게 되는 경우 결코 자유민주와 시장경제의 이점(利點)을 누릴 수 없는 것이다. 이 땅의 뿌리와 접목되지 않은 외래사상만으로의 보수세력은 과거비주류문화세력에 서양의 평등투쟁사상이 접목한 '진보'세력을 당해낼 수가 없다.

구미 자유민주주의와 시장경제의 가치를 추종하면서 한국사회 전통문화수호에는 무관심한 부류는 비록 구미의 주류사회의 윤생(輪生)경험은 있다 해도 한국과 동양문화사회에는 생소한 영혼이라고 할 수 있다. 그러나 자유민주주의와 시장경제라는 인류사적 가치를 실현하고자 한다면 전통가치와 융합하여 애국심의 명분도 강화하고 함께 다수주류세력으로서 존재해야 한다. 상대적 '진보'세력은 기존의 사회문화에서는 능력경쟁이 불리하므로 계획경제를 표방하여 자유경쟁에 따른 불이익을 면하고 전통지식문화를 말살하여 문화사회에 제로베이스에서의 새 판을 짜고 지식교육과 성과평가에 의한 엘리트양성을 억제하고자 한다. 전통과 유리(遊離)된 경제보수주의만으로는 이렇게 상대진보 세력이 저들에게 有利한 환경을 조성하여 사회적 영향력을 증대하고 주류계층으로 새로이 자리 잡으려는 행보에 대처할 수 없을 것이다.

오천년 인연의 역사현실도 직시해야

외교면에서도 왜인출신에 근거를 두고있는 反中운동세력에 휘둘리는 자세로는 '보수'는 결코 주류의 자리를 점유하기 불가능하다. 단적으로 말해서 정통우파라면 親中이라야 한다. 과거 오천년 우리역사의 주축은 親中이었다. 물론 중국에 유목민족이 아닌 中華文化 민족이 집권했을 시대만에 한정한다. 625때 '중공오랑캐'와의 싸움이 있었지만 지난 역사에서도 초기에는 집권계층인 元의 몽고족과 淸의 만주족과의 싸움이 있었지만 점차 '漢族化'되어가는 중국사회에 따라 관계를 개선해갔던 것처럼 지금의 공산당정권이 마음에 안들어도 적응해나가야 한다. 친중이면 반미라며 한국이 해양이나 대륙 어느 한 쪽에 붙어야 한다는 사고장식은 한국이 있을 필요를 없애는 것이다. 좌파가 親中이니까 우파는 反中親日 혹은 從美라야 한다는 것은 이십세기에 得勢한 왜인세력의 입장일 뿐이다. 좌파의 親中은 중국 소수민족과 일체감을 갖는 뿌리 때문에 그리한 것이지 우리민족의 傳統과는 무관하다.

4. 영성발달(靈性發達)과 진보주의

이념적 사치(奢侈)

칭찬은 기분이 좋다. 받는 사람도 기분 좋지만 하는 사람도 기분이 좋다. 관대하고 너그러운 사람이라는 평판… 더 나아가 남을 잘 배려해주는 착한사람이라는 평판을 받을 기회이니 사람들은 남을 칭찬할 만한 상황이 되면 기꺼이 칭찬한다.

진보이념은 사람들의 인격을 높이 평가하고 도덕성을 믿고

Ⅱ. 이념과 국가

자 한다. 재물로 추가의 보상을 받지 않아도 누가 감시하거나 독려하지 않아도 사람들이 스스로 알아서 자기의 세상에서의 본분과 소명을 잘 해나갈 것으로 믿는다. 하지만 사람들의 인격이 믿었던 기대만 못하면 사회적 타락을 불러온다는 것이 보수이념의 관점이다.

한국논단 前 이도형(李度珩, 1933~2020) 社長은 이러한 것을 이념적 사치라고 말했다. 의식주가 필요한 것 이상의 고급품일 때 생활의 사치를 한다고 한다. 마찬가지로 정치 언론 등으로 우리사회를 지도하는 인사들이 사회와 국민에 지나치게 후한 점수를 주면서 국가사회의 당면과제를 등한히 하고 자신은 선인(善人) 코스프레를 하는 것을 이념적 사치라고 보는 것이다. 개인의 생활에서도 자기의 실제형편보다 검소히 사는 것보다 사치를 행하는 것에 위험이 많은 것처럼 사회의 발전정도를 실제보다 높이 평가하는 진보이념은 현실적인 위험을 더 안고 있다.

충분한 視野 없이는 착한 意圖도 無用

보수가 신분 성별 국가 등의 출생조건을 존중하며 피치 못할 '차별'을 용인하는 것에 反하여 진보는 지상의 탄생조건을 부정하고 천국과 같은 평등을 주장하니 일단은 착해 보일 수 있다. 그러나 충분한 시야를 가지고서 평등을 실천하는 것이 아니면 다시 불공정성이 드러난다.

국회청소원을 정규직공무원으로 우대하여 평등사회를 구현

4. 영성발달(靈性發達)과 진보주의

하려 하지만 그러한 혜택이 동네의 오층건물 청소원에게도 적용되어야 진정한 평등사회일 것이다. 그렇다고 국회청소원이 동네 오층건물 청소원보다 성실과 능력이 검증된 엘리트 청소원이라는 보장도 없다. 과거 경무대 오물수거원이 '귀하신 몸'의 대접을 받았다는 일화가 재현되는 것이다. 실력보다는 인맥과 요행을 잘 타서 '좋은 장소'에 취직만하면 '운수대통'하는 사회는 지상의 삶을 운수에 의존하는 사회이다. 운수는 하늘에서 정하는 것이므로 다시 하늘에서의 일이 큰 비중을 차지하는 봉건사회로 회귀하는 결과이다.[20]

진보주의자는 초급단계의 영적수업을 넘어선 자

사실 착한척이라도 하는 사람이 아예 착한척도 안하려는 사람보다는 낫다. 나는 솔직히 착하지 않으니 세상에서 내게 좋은 것만 추구하며 살겠다는 가치관이 팽배하면 큰 문제다.

착한 사람이란 무엇인가 定義하자면 남의 처지를 공감하며 배려하는 사람이다. 그러면 부유한자가 가난한 자를 권력자가 불우한 자를 판사가 피고인을 겪어보지 않았을 것인데 어떻게 善行이 가능한 것일까.

루소(佛, 1712~1778)는 국민에게 가장 적합한 사회규칙을 발견하려면 인간의 각종 욕구를 경험하지 않았으면서도 잘 아는 현자가 필요하다고 말했다.

---

[20] 북한의 '백두혈통'과 '혁명열사집안'의 설정(設定)은 자본주의가 억제되어 봉건주의로 회귀한 대표적인 경우이다.

Ⅱ. 이념과 국가

국민에게 가장 적합한 사회규칙을 발견하려면 인간의 모든 욕망을 모두 다 알고 있으면서도 실제로는 그 어느 것도 경험하지 않은 즉 인간의 본성에 따라서는 조금도 움직이지 않으면서도 그 본성을 꿰뚫어 알고 있는 그런 탁월한 지성인이 필요할 것이다. 이 현인(賢人)은 또한 자신의 행복은 우리와 무관한 것인데도 불구하고 우리의 행복을 기꺼이 보살펴 주려하고 끝으로 변화하는 시간 속에 거(居)하면서도 먼 뒷날의 영광을 소중하게 여기는 고로 이 세기(世紀)에서 노력한 보람이 저 세기에 가서야 나타나더라도 이를 기뻐할 줄 안다. …〈社會契約論〉(三省出版社, 1977, 李桓 譯)

그러나 우주에 근거 없이 존재하는 것은 없다. 남의 입장과 처지를 겪지 않았는데도 잘 알고 배려해주는 사람은 유사한 '경험'이 있는 사람일 수밖에 없다. 결국 영성과학에 의하면 인간의 靈은 여러 입장의 삶을 두루 거치면서 성장을 해나가는 것이니 윤회경험이 많이 쌓인 靈은 타인의 입장을 잘 알고 있는 老靈(old soul)으로서 '국민에게 가장 적합한 사회규칙을 발견'하기에 적합하다고 볼 수 있다. (물론 많은 윤회를 하고도 발전이 없는 靈도 있다고 하지만 여기서는 편의상 삶의 경험경력으로 靈의 善度를 가정한다.) 그러한 자는 가치관의 중심이 (이미 숱한 생을 반복해왔으니 그다지 특별히 집착할 것이 없는) 現世의 시간을 초월한 영원한 하늘나라에 있으니 이 세상에서의 당장의 보상에 연연하지 않고 우주의 절대적 가치에 부합하는 성과를 이 세상에 남기려고 노력한다.

4. 영성발달(靈性發達)과 진보주의

영의 지구상 윤회의 초기에는 지구상 생활의 효과적인 적응을 위해 국가(혹은 민족 공동체) 신분 성별 등이 비슷하게 반복될 수 있다. 이 시기는 앞서 말한 생존지향의 삶을 살게 되며 자기와 다른 입장의 사람에 대한 배려가 부족하다.[21] 이들에게는 더 발전된 삶의 길을 열어주기 위해 규율순종지향의 삶을 살도록 하는 다음 단계가 있다.

어느 정도가 지난 이후 영혼은 자신에게 익숙한 환경을 바꾸어 환생을 시작한다. 다른 입장에 처한 사람의 인생을 살면서 폭넓은 영적성장을 이루기 위함이다. 출생환경 변화의 대응에 익숙하지 못한 초급 영들은 새로 바뀐 환경에 적응하지 못해 세상을 탓하게 된다. 이전의 생에서 겪지 못했던 경제적 어려움을 겪으며 富의 불평등에 불만을 갖게 된다. 이전의 생에서와 다른 국가 환경에 불만을 품고 다른 나라를 부러워한다. 심지어는 바뀐 性에 불만을 품고 트랜스젠더 등을 자원하기도 한다.

이러한 일선 진보주의자들은 앞의 윤회초기의 영혼들보다 윤회경험이 많은 자들이므로 '비교적 착하다'고 볼 수 있다. 물질추구의 생존경쟁과 이기주의를 당당히 내세우는 기층(基層) 보수주의자보다 일선 진보주의자는 한 단계 높은 도덕수준을 가지고 있다. 그렇지만 이런 단계의 사람들의 자기의 현존감각을 진리와 혼동하여 감각에 종속되는 삶을 추구하면

---

21) 지구상의 윤생경험은 많지 않으나 우주의 他星에서의 윤생경험 혹은 영적차원에서의 수련 등이 높은 靈의 경우 지구상의 知性개발과 생활적응에는 그다지 효과적이지 않아도 이기심의 범위는 넘어설 수 있다.

Ⅱ. 이념과 국가

인간의 탄생목적과 영적단련의 목표는 어려워지게 된다. 탄생환경의 변화를 거듭 겪어가며 인간의 영혼은 계속 성장하여 탄생환경과 영혼성향의 부조화를 극복하고 탄생소명에 맞는 삶을 살고자 노력해야 하는 것이다.

복합적이고 다양한 進步主義 要因이 진보교조로 단순화

인간의 진보성향은 영혼에 익숙했던 환경을 상실함으로 인한 충격에 따라 당면한 세계의 제반환경을 부정적으로 보게 되면서 자신과 뭇사람들로 하여금 세상의 조건의 영향을 덜 받으면서 되도록 영혼자체의 품성을 그대로 지상에서 구현하고자 하는 희망이다. 바뀌는 환경은 신분 문화 빈부 신체조건 등 다방면에 걸쳐 있는 만큼 인간을 진보주의 성향으로 만드는 요인은 실로 다양하다.

하지만 진보주의를 표방하여 권력을 잡으려면 집단을 지도하기 위해 모두에게 공통되는 율령(律令)이 필요하다. 즉 정치혁명의 세포를 행동통일 시키기 위한 가치관을 정리한 교조(敎條)가 필요한 것이다.

이러한 진보교조(노동, 여성, 인권, 환경)들은 진보이념의 본질에 부합되기는 하나 본래 복합적의미를 가진 가치관을 단순화시켰기 때문에 말단 행동세포는 물론 상부지도세력마저도 본래의 의미를 이해하기는 어렵다.

결국 이념의 이해보다는 권력추구의 목적으로 계속 그 '조항'만을 강조하여 교조주의화된 진보운동은 여느 원초적인

4. 영성발달(靈性發達)과 진보주의

패권경쟁과 다를 것이 없게 된다.

노동과 여성이라는 진보교조의 주제어의 실태와 문제점을 살펴보면 다음과 같다.

노동 교조

노동을 자본보다 중시하는 것은 대표적인 진보가치관이다. 자본이 비록 신분제를 벗어나 능력과 노력으로 변화 가능한 것이지만 이미 기존사회에 축적되어있는 자본은 곧 그 사회에 오랫동안 뿌리박고 윤회해온 영혼집단이 계속해서 주류의 위치를 차지하게 하는 동력원이다. 이 때문에 새로이 그 사회에 진출하여 주류의 위치를 얻고 싶은 영혼집단의 주장은 현생에서 진행 중인 노력을 기존에 축적된 자본보다 중시하자는 것으로서 그 자체는 인류의 영적성장을 위해서 그릇된 것이 아니다.

그러나 노동이라는 주제어(키워드)만을 신봉하는 상황이 되면 사회계층에 상관없이 노동제공자의 입장에 서 있다면 무조건 옹호하는 정책을 주장하게 된다. 이럴 때 진보주의를 사회약자 옹호와 동일시하는 대중은 이해하기가 어려워진다. 공기업과 대기업의 고소득 노동자들 역시 노동력제공자의 입장에 있기 때문에 진보운동의 보호대상이 된다. 본래 기층노동자의 생존권을 위한 노동자보호 규칙이 이들 상류층 노동자에게도 적용되어 상류노동행위를 뒷받침하는 고도의 긴장감을 유지하지 않아도 급여와 근속이 보장되게 된다. 이로

Ⅱ. 이념과 국가

인해 오히려 노동의 보상수준을 넘는 대우를 받는 노동계층이 생겨난다. 봉건사회의 귀족을 방불하는 이러한 계층의 생성은 노력의 보상으로 그 수준에 오를 다른 노동계층의 기회를 빼앗는다. 축적된 富는 타인에게의 재분배가 되어야 미덕이 되는데[22] 이들 상류노동자에게는 사실상 (타인에게 용역을 주어서 재분배할) 자본이 될 만한 재산도 충분히 있으나 자본으로 사용하지 않고 개인의 사치와 향락을 위해 사용되는 경우가 대부분이다. 이로 인해 사회 전반적으로 富의 건전성이 저하된다.

같은 물질이지만 얼음이 녹아 물이 되듯이 재산이 투자의 과정을 거쳐 타인을 위하여 사용되는 형태로 변하면 자본이 된다. 그런데 좌파교조에 묶인 사회에서는 오히려 악의 상징으로 간주되니 경제를 살리고 널리 덕을 베풀기 위한 자금의 유통이 경색되는 것이다.

여성 교조

인간이 어떤 성별로 태어나면 그에 맞게 생활해야한다는 것은 영혼이 남녀의 몸에 각기 다르게 體化하여 살아가는 地上에서의 관념인데 天上에서는 성별이 구분이 없으므로[23]

---

[22] "약대가 바늘귀로 나가는 것이 富者가 하나님의 나라에 들어가는 것보다 쉬우니라 하신대"(마가福音 10:25) 여기서의 부자는 실제의 재산의 量 보다도, 재산을 유통하지 않고 소유에 집착하여 세상에서의 用度를 死藏시키는 자라 해야 할 것이다.

4. 영성발달(靈性發達)과 진보주의

地上에서도 성별로 인한 생활규범의 차별이 없어야 한다는 것이 진보의 관념이다. 이렇게 여성이라는 진보교조가 활성화된 사회에서는 남녀임금의 평등을 비롯하여 사회활동의 여러 방면에서 남녀의 역할차를 인정하지 않으려한다. 이러한 문제는 남녀의 分化와 生成의 본질을 살피면서 풀어나갈 수 있다.

성관련 사건이 일어나면 진보교조주의자와 피상적인 보수주의자는 남성의 여성에 대한 성폭력에 분개하며 또한 강자인 남자가 약자인 여자를 범하는 일은 없어야 한다며 남녀평등정책을 강화할 것을 강조한다.

개인의 완력으로 강자와 약자를 구분하는 관념으로는 도스토옙스키의 〈죄와 벌〉에서의 라스콜리니코프의 대금업 노파 살해도 강자의 약자를 향한 범죄에 지나지 않는다. 그런 단순한 이야기가 세계명작이 될 수는 없다. 강자와 약자의 구분은 사회적 관점에서 보아야 한다.

사회에서는 甲乙관계에 의한 甲의 횡포가 문제시되고 있다. 계약관계에서 상대를 아쉬워하며 적극적으로 계약하려는 쪽은 乙이 되고 상대를 중시하지 않아 소극적으로 계약하는 쪽은 甲이 된다. 乙은 甲을 간절히 원하지만 甲은 乙을 乙이 甲을 원하는 만큼은 원하지 않는다.

남녀의 관계 특히 젊은 남녀의 관계에서 남자는 재산 상속자 등 소수를 제외하고는 아쉬운 입장에 처한다. 남성을 강

---

23) 復活때에는 장가도 아니가고 시집도 아니가고 하늘에 있는 天使들과 같으니라 (마태福音 22:30)

Ⅱ. 이념과 국가

자 여성을 약자로 못 박는 것은 여성을 권력쟁취를 위한 체제혁명의 도구로 여기는 진보교조주의자 혹은 남성의 여성 '소유'욕망의 관습에 매인 구태(舊態) 보수주의자가 취할 태도이다.

남녀를 떠나 능력과 직무별로 동일임금을 받는 것은 정당한 일이나 현실적으로 남녀가 종사하는 직종에 차이가 있는데 언론에서는 수시로 남녀 총임금의 격차를 사회문제인양 제기하고 있다. 인위적인 남녀 동등임금을 실현하고자 하는 것이 체제변혁을 위한 현실좌파의 목표이다.

남녀가 모두 동일한 수입을 가져 지상에서의 생활수단 획득 능력에 차이가 없게 되면 순수한 인간존재로서만의 관계에서 여성은 남성이 여성을 원하는 만큼은 남성을 원하지 않기 때문에 중하위 소득수준의 남성은 여성과 접할 기회가 제한되며 소외되어 사회는 경색되게 된다. 이미 젊은 층에는 그러한 현상이 나타나 결혼율 감소로 이어지고 있다. 물론 이런 이유 때문에 남성에게 수입을 더 많이 갖도록 배려하자는 주장은 있을 수 없으나 아직은 '하늘의 배려'로 남성이 각종의 노동생산업무에서 여성보다 능률이 있어 균형이 이루어지고 있다. 이것을 인위적으로 깨뜨리려는 평등지향은 오히려 남녀관계의 불균형을 일으키는 것이다. 예를 들어 같은 자녀양육 편부모가 있을 때 '소득이 높은' 편부 측에는 지원을 덜하고 '소득이 낮은' 편모측에만 집중지원을 한다면 이는 편부가 더욱 심하게 가지고 있는 생활의 불안정성을 도외시 하는 것으로서 인간사회의 유기적 재생잠재력을 말살하는 결

4. 영성발달(靈性發達)과 진보주의

과이다.

남녀가 서로를 원하는 방식은 대칭관계가 아니다. 인간이 육체를 가지고 세상에 사는 것은 영혼을 수련하기 위함이다. 당연히 순수영혼의 상태보다는 힘들고 고된 과정이다. 인생의 수고 중 간혹 영혼단련을 위한 성취를 얻으면 神은 쾌감을 느끼도록 허락했다. 이 쾌감이란 인간이 육체를 벗어난 영혼의 상태에 가까워지는 느낌이다. 영혼의 상태에서는 스스로 즐겁고자 원하는 대로 상황이 이루어지기 때문이다. 술 담배 마약 등은 신체의 기능을 약화시켜 영혼상태에 가까워져 쾌감을 얻으려는 편법이다. 쾌감은 육체의 한계를 벗어나 영혼계 즉 천국에 열린 상태의 느낌이다. 영혼계에서는 감각이 뜻대로 이루어진다. 영들은 스스로 인간의 모습을 취하기도 한다. 이 때 모습을 자유로이 할 수 있다면 할 수 있는 가장 아름다운 모습을 취할 것이다. 그러나 지상에서는 그런 모습을 취할 수 없다. 지상은 지구의 인력이 있기 때문에 몸을 지탱하기 위한 뼈와 근육이 있어야 하고 음식을 먹고 소화하면서 살아야하기 때문에 그러한 기능을 가진 내장을 가지고 있어야 한다.

남자는 지상의 생활을 주도하도록 창조되었다. 따라서 지상에서의 효과적인 기능발휘에 초점이 맞춰진 몸을 갖고 있다. 반면에 여자는 천상의 이상적인 모습으로부터 지구상의 기능을 위하여 변화된 정도가 덜하다. 인간의 신체는 허리가 날씬해야 아름답다. 그러나 남자는 몸이 힘을 쓰도록 동력원을 충분히 제공하고자 내장이 커서 운동을 해도 허리가 어느

Ⅱ. 이념과 국가

이상은 날씬해질 수 없다. 반면에 여자는 지상의 활동의 효율성보다는 천상에서 지어진 원형의 유지가 우선이다. 이 때문에 비록 몸에 에너지를 공급하는 능력이 부족해지는 손실을 감수하더라도 내장이 작아 허리를 날씬하게 하여 특별히 운동을 하지 않아도 대체로 아름다운 육체를 가진다. 신체에 지방이 쌓일 때 남자는 배에 집중적으로 쌓이지만 여자는 사지를 포함한 몸 전체에 고루 퍼진다. 지방이 배에 집중하여 쌓이면 四肢의 활동에는 그다지 불편함이 없지만 몸매는 쉽게 망가지고 보기 안 좋게 된다. 그러나 여자는 사지에 지방이 쌓이면 활동에 불편을 줄 수는 있어도 전체적인 몸매는 거의 그대로 유지된다. 이렇게 남녀에게 중요한 가치에 따라 남녀의 신체는 기능 혹은 미관의 어느 한 쪽을 중시한다.

남자의 몸이 지구상의 기능적인 효율을 따라 만들어졌다면 지구의 인력과 같은 물질적 환경에 매이지 않은 곳에서는 여성의 형태도 활동에 불리할 것이 없다. 그러므로 영계에서만 존재하는 천사가 취하는 모습은 여성에 가까울 것이다. 여자를 종종 천사로 비유하는 것은 상투적이지만 근거가 있다. 외모 목소리 피부감촉 등 여성이 가진 여러 면모는 남자에게 영혼계의 기억을 되살리는 효과가 있다. 남자가 여자를 원하는 것은 영혼계의 본원적 존재를 향한 갈망이다. 이는 衣食住의 생활조건에서 천상의 풍요를 갈망함과 같은 차원의 것이다.

여성이 천상의 가치를 지니고 있기에 남자는 천상에 열리는 쾌감을 얻기 위해 여자를 원할 수밖에 없고 여자는 남자

5. 좌우파 기득권층의 결탁에 의한 국민피해

를 그 자체로 원한다기보다 지상에서의 생활에 도움을 받고자 하는 면이 크다. 이러한 실정을 도외시하고 남녀의 수입(收入) 즉 지상에서의 생활수단의 확보수준을 동일하게 해야 한다는 주장은 결국 남녀결합의 동기(動機)를 없애는 것이다.

'여성'이라는 진보교조키워드는 이처럼 天上의 理想을 지향하는 여성적 가치실현을 지상의 생존을 중시하는 남성적 가치보다 우선한다는 것이다. 여성존재의 가치실현이 미래의 지상천국으로 나아가는 데 있어서의 중요한 목표가 되어야 함은 당연하다. 다만 현실에서 반영하고자 할 때는 그 실행자가 가지는 시야의 충분함 여부가 정당성에 관건으로 작용한다.

정부에서 관련치안을 강화하고 편의시설(便宜施設)을 제공해주어 여성이 생활적 필요성에 의해 남성이 절박하게 필요하여 섣불리 무모(無謀)하게 남성에게 의지하여 결국은 여성이 남성에게 종속되는 폐단을 줄이고자 하는 것은 일리가 있다. 마찬가지로 남성이 여성을 절박하게 필요로 하여 섣불리 무모하게 여성을 정인(情人)이나 배우자로 구해야 하는 상황은 남성의 발전적 인생설계에 저해가 된다. 이 과정을 완화하고 남성의 배우자선택이 연착륙하기 위하여 각종의 有無料의 성관련 사회적 서비스가 있는 것인데 이것을 금지하는 것은 형평성이 없고 남녀관계의 균형을 무너뜨린다.

여자의 행복이 남자의 행복보다 우선해야한다는 원칙에는 동의할 수 있다. 그러나 그 실천은 개개인의 차원에서 이루어지는 것이어야지 권력에서 일괄적으로 차별적인 혜택을 베

Ⅱ. 이념과 국가

푸는 것이 되어서는 안 된다.

5. 좌우파 기득권층의 결탁에 의한 국민피해

교조적 좌파권력의 일방적이고 기계적인 가치부여로 인한 사회계통(社會系統)의 경색은 국가에 병을 가져올 위험이 다분하다. 그러나 이것은 위험일 뿐이지 본래 쉽사리 현실화되지는 않는 것이기도 하다.

국가단위는 지구상에서 저마다 강한 운명공동체를 표방하고 있지만 국가사회가 동질의 집단으로만 구성되기는 거의 불가능하다. 국가를 이루는 여러 민족 인종 종족 등의 집단 분파 중에는 국가의 주도적 가치관과 제도문화에 저네 분파의 그것이 일치하지 않는 집단이 있다.

국가내 역량이나 인구에서 약자이며 소수자에 처해있는 분파가 새로이 국가의 주류로서 발흥하고자 할 때에는 기존의 체제를 바꾸어야 유리하기에 좌파이념을 명분으로 삼는다. 그러나 민주선거제도 하에서 다수세력이 되지 못하면 아무리 좋아 보이는 좌파이념을 내세워도 비주류세력의 한계로 스스로는 국가에 큰 영향을 미치지 못한다.

좌파와 우파기득권층의 利害관계 일치

그럼에도 좌파이념의 국가적 영향이 실제로 일어나는 것은 이에 가세하는 또 다른 세력이 있기 때문이다.

5. 좌우파 기득권층의 결탁에 의한 국민피해

우파를 표방해온 사회주류 세력일지라도 이미 충분히 상류계층에 자리 잡은 집단으로서는 '이대로'24)를 강조하며 더 이상 경쟁사회에 의한 신분순환을 원하지 않게 된다. 국가사회 내에서 더 이상 신분상승의 경쟁을 억제하려는 데에서 좌파이념으로 정치권력을 잡으려는 세력과 우파출신기득권층 양측의 이해(利害)관계는 일치한다. 이러한 진보좌파교조주의자들과 보수우파상류기득권층의 결탁은 국가사회의 혈류를 경색케 하는 큰 힘을 형성한다.

국가의 패권을 잡은 상류층세력이 더 이상의 경쟁에 의한 상류층진입을 막기 위한 장치를 해놓는 것은 봉건사회의 신분제로서 이미 오래된 관행이다. 국기(國紀)가 쇠퇴하면 현대민주국가의 취지에 맞지 않는 이러한 봉건시대회귀가 일어난다. 다만 형식적인 민주제도는 이어지고 있기 때문에 국가는 국민일반에게 노골적으로 신분의 한계를 규정할 수는 없다. 이 때문에 교육제도 등으로 일반국민의 知力과 활동범위를 적당히 제한하는 시도가 행해진다.

대한민국은 민주공화국을 표방하며 건국되었다. 국민이 주인이 되어 신분의 차별 없이 균등한 기회를 가지는 각종 제도를 발판으로 출발하여 건국초기에는 출신성분을 불문하고 최고의 엘리트계층이 형성되어 국가발전의 동력이 되었다.

그러나 이후 아직 좌파정권이 들어서지 않았을 때부터 여러 좌파압력단체들의 목소리를 우파권력이 못이기는 듯이 들

---

24) 1990년대 압구정동 상류층 오렌지족의 구호로서 '이대로'는 유명했다.

Ⅱ. 이념과 국가

어주는 형식으로 각종 인재관리 제도의 변경이 진행되었다.

 학생들을 입시지옥에서 해방하며 성적순으로 줄 세우는 것을 타파하고 평등사회의 이상을 실현한다는 목적 하에 중고교 평준화가 실시되었다. 이 중 세칭 일류중학교를 폐교[25]한 중학교평준화와 달리 세칭 일류고등학교의 장소를 이전한 고등학교 평준화는 시사(示唆)하는 바가 있다. 경기고 서울고 등 그 전까지 성적우수자가 다녔던 고등학교를 강남으로 이전하였는데 강남은 부유층의 집결지가 형성되고 있었다. 즉 이제까지는 성적우수자가 다니는 고교가 일류고교였지만 이제부터는 부유층의 자제들이 다니는 고교가 일류고교가 된다는 시대의 변화를 의미하는 것이었다. 학생들이 자기의 능력으로 '좋은' 학교를 골라가는 것이 아니라 사는 지역(8학군)에 따라 부모의 경제력에 의해 '좋은' 학교를 가도록 되었다.

 지식계층의 현학(衒學)에 따르는 위화감을 없애고 평등사회를 실현하겠다는 목적 하에 시행된 한글전용은 미국을 통하지 않고는 학문을 할 수 없게 만들어 자유로이 미국을 오갈 수 있는 부유층 혹은 그들에게 충실한 자만이 학계의 주류가 될 수 있도록 했다.

 이후에 남녀평등의 사회를 이루겠다는 목적 하에 시행된 공무원 정치인 들의 여성할당제는 정치입문 등 상류층 남성이 차지했던 利權을 분배할 때 차하위층 남성이 아닌 상류층

---

[25] 아직 어린 중학생 나이의 소년들에게 학교의 '신분차별'을 행한다는 것은 위화감을 준다는 것이었다. 그러나 (성적이 아닌 부모 재력에 의한) '일류' 사립 초등학교는 지금까지도 존속하고 있다.

남성의 가족 여성에게 자연스레 넘어가도록 하는 좋은 수단이었다.

이들 제도변경은 평등사회의 理想을 추구하는 진보이념에 바탕을 둔 것이었지만 실제로는 계층이동을 경색케 하여 상류층의 신분상속을 돕기 위한 것이다. 이후 대한민국은 민주국가로서의 유지보수보다는 분파세력들의 교대집권에 국력을 소모해왔다.

6. 선진국과 후진국의 이념좌표

이제까지의 서술에 의하면 선진국은 진보이념 후진국은 보수이념으로 국가를 治理하는 것이 원칙이라 할 수 있다.

영적관점에서는 수준 높은 영혼들을 받아들여 수준 높은 진보적 교육을 해 보내는 나라가 우수한 나라로서의 영광을 얻을 것이지만 지상의 관점에서는 해당 국가의 지속적인 융성과 번영이 그 나라의 성공을 의미한다. 즉 그 나라가 담당하는 고유한 영혼교육과정을 필요로 하는 영혼의 방문이 끊이지 않아 그 나라의 체제가 지구상에 오래도록 지속해야 하는 것이다. 중국의 南宋과 같이 노점상도 論語를 외우는[26]

---

26) 남송 초기의 중서사인(中書舍人)을 지낸 범단신(范端臣)이 아직 학생 때의 일이다. 친구와 함께 고산(孤山)으로 유람을 나섰다. 고산은 수도 임안(臨安)(절강성(浙江省) 항주(杭州))의 서쪽 서호(西湖)근처에 있는 명승지로서 도시 사람들이 자주 놀러오는 곳이다.

그들은 이곳에서 관이(冠珥)를 파는 노점을 발견했다. 관이란 관에 다는 장식으로서 사대부의 장신구의 한 가지이다. 범단신은 이것저것 고르다가

Ⅱ. 이념과 국가

고급영혼교육과정의 국가였다 할지라도 그 영혼교육과정의 수요가 오래지 않아 소진되어 급속한 멸망의 형태를 보이면 인류역사에서는 그다지 성공한 국가로 보지 않는 것이다.

현재의 관점에서 보면 국민다수가 지상의 삶에 만족하고 원만한 삶을 사는 나라가 국민을 행복하게 하는 성공적인 국가이다. 그러나 설령 국민의 생활사정이 그다지 좋지 않아도 꾸준히 인구가 늘고 국체가 오래도록 유지되는 나라는 성공적으로 역할을 수행하는 국가이다.

지구는 영혼성장을 위한 학교이지 복지생활을 즐기기 위한 양로원이 아니다. 선진국보다 후진국에 인구가 늘어나는 것은 후진국의 삶이 영혼단련에 더 수요가 크다는 것이다.

온실가스배출규제 등 환경관련 세계회의가 있으면 항상 나오는 말이 있다. 선진국이 제시하는 엄격한 기준에 후진국은

마음에 드는 것을 집어들고 값을 물었더니 상인은 三천문(文)이라고 했다. 상대가 노점상인이니 그가 부른 대로 값을 치를 일이 아니라 생각한 범단신은 친구와 값을깎을 방법을 의논했다. 그래서 그들은 상인이 알아차리지 못하도록, 수자에는 일부러 《《논어(論語)》》의 편차(篇次)를 이용했다.
「三천문이라는데 안연(顔淵)정도면 어떤가.」
「아냐, 기껏해서 향당(鄕黨)으로 넉넉하네.」
안연은 《《논어》》 제一二편 향당은 제一○편으로, 즉 〈一천二백문이면 어떨까〉,〈아니다, 1천문이면 충분하다〉는 의미였다. 그러자 두 사람의 이 얘기를 듣고 있던 상인이 그 물건을 도로 거두기 시작하는 것이었다. 범단신이,
「아직 흥정이 안 끝나지 않은가.」
하고 말하니까, 상인은 이렇게 대답했다.
「손님, 이 물건의 원가는 위령공(衛靈公)입니다. 손님이 보신 값으로는 장사가 안됩니다.」
위령공은 논어 제 一五편이니, 즉 원가가 一천五백문, 도저히 一천 二백문이나 一천문으로는 팔수가 없다는 것이었다. (大世界의 歷史 - 6, 三省出版社, 1982, 梁秉祐外)

6. 선진국과 후진국의 이념좌표

따르기 곤란하다는 것이다. 선진국은 이제까지 산업화 시대를 거쳐 저들 나름의 발전단계를 거쳤는데 아직 산업화도 제대로 거치지 않은 후진국이 생산경쟁이라는 대표적인 영혼도야(陶冶) 과정을 건너뛰고 곧바로 경쟁을 억제하는 환경우선의 삶으로 들어갈 수는 없다는 것이다. 선진국들이 저들의 사정에 맞는 진보적인 정책을 후진국에 요구하는 것은 고등학생이 초등학생에게 고등학생의 공부를 하라고 하는 것처럼 불합리한 것이 된다. 앞으로도 상당기간을 지상의 생존을 위해 치열하게 살아야 할 후진국 국민들이다.

이와 같은 국가의 존립목적을 기준으로 보면 선진국의 각 단체가 행하고 있는 후진국 어린이 돕기 운동도 후진국 국민의 영적단련에 그리 보탬이 되지 않을 수 있다. 선진국의 국민들은 이따금 관심 둘 만한 상황에서 후진국을 돕되 지나치게 그들도 우리와 똑같이 살아야 한다는 강박관념을 가질 필요는 없다. 선진국의 국민은 선진국대로 후진국의 국민은 후진국대로 나름대로의 삶의 목표가 있다. 후진국 국민의 인생을 책임지는 지도령(指導靈:神)이 말을 한다면 후진국을 돕고 싶어 하는 선진국의 국민들에게 '됐으니 염려 말고 너희 일이나 챙기라'고 할 것이다. 유럽이 금융위기 등 자체 내의 생활에 문제가 일어나는 것은 유럽인들에게 자기들의 앞가림을 우선하라는 것이다. 각종의 테러사건 들은 선진국의 생활을 후진국에게 전파하려고 하는 것보다는 차라리 선진국이 오히려 후진국의 긴장된 생활상으로 회귀하라는 경고일 수 있다.

보존할 정신적 가치가 비교적 확고히 마련되어 있는 집단

Ⅱ. 이념과 국가

은 전통의 가치에 익숙한 영혼이 그 가치를 승계하고 발전시키고자 그 집단에 빈번하게 환생한다. 반면에 가치의 정립이 덜되었거나 그 자체가 대립적 요소를 품고 있는 가치가 지배하는 곳에서는 그 집단에 익숙하지 않은 영혼이 찾아와 자기 집단을 포함한 세상의 변화를 일으키기를 꿈꾼다.

유럽과 같이 하늘의 소명을 먼저 받은 집단에서 태어났다 해도 후진국에서의 전생이 쌓인 영혼들은 후진국의 삶에 관심이 많게 되고 이민자에 對한 관용을 주장하는 좌파가 된다.

선진국이 아니라도 인도 방글라데시 태국[27] 등과 같이 비교적 안정되고 보수적인 나라들이 있다. 자기들이 속한 집단이 비록 세계를 주도하지 못하더라도 그 위치에 맞는 역할에 충실하고자 한다. 이들은 자체 내에 그 사회에서의 전생경험이 많은 영혼이 다수이므로 대체로 자기네 집단의 현재에 처한 위치를 수긍한다.

---

27) 태국은 성관념에 관해서는 트랜스젠더가 성행하는 진보적 입장을 취하는데 이것은 앞서 프랑스 극우정당의 동성애자의 경우에서 설명한 바 있다.

Ⅲ. 국내 이념갈등의 실체

1. 국가 內 이념파벌과 부족파벌

한국사회는 세계 어느 나라보다도 좌우 이념갈등이 심하다고 한다. 극한의 이념대결을 지양하고자 중도가 필요하다고도 하나 대립하는 두 세력의 정치적 성향이 좌우의 이념적 극단에 있는 것은 아니다.

지구상 대다수 나라들의 정치세력들이 좌파 혹은 우파로 분류된다. 그런데 해당하는 세력의 면면을 살펴보면 各側이 고상한 理念의 所信을 지키고자 싸운다고 보기는 어렵다. 미국의 경우 영국 등 유럽에 뿌리를 두고 있는 백인 親유럽派 그리고 아프리카 출신 흑인 親아프리카派 그리고 중남미 출신 히스패닉 親중남미派 등이 있는데 이 중 백인 親유럽派가 대체로 정통 청교도문화를 이어받는 보수세력의 주축이 되고 있다. 국가 內 이념갈등의 본질은 국가 內의 다른 部族 즉 나라를 구성하는 뿌리가 다른 집단끼리의 국가 內 세력점유 경쟁이다. 한국의 경우 국가 內의 部族자료를 말소하고 단일민족집단으로 출발하였기에 이것이 드러나지 않는다.

한국의 안보를 걱정하는 사람들은 흔히 이념적 共産化를 걱정한다. 그러나 공산화라는 것도 본질적으로는 기왕에 권력에서 소외되었던 소수자 집단의 권력탈취이다. 중국의 공

Ⅲ. 국내 이념갈등의 실체

산당혁명은 과거의 유목민정권처럼 중심문화의 주변을 맴돌던 집단이 집권하여 문화혁명을 통해 전통중화문화를 파괴하는 것이었다. 러시아의 공산혁명 역시 비주류민족세력이 역사를 단절시키고 나라를 차지한 것으로서 스탈린(그루지아 출신)과 흐루시초프(우크라이나 출신) 등 소련의 지도자에 非러시아 출신이 많았던 것은 러시아의 주류지도층을 궤멸(潰滅)시킨 바탕 위에서의 통치였기 때문이었다.

한국의 政治地形과 '出身部族'

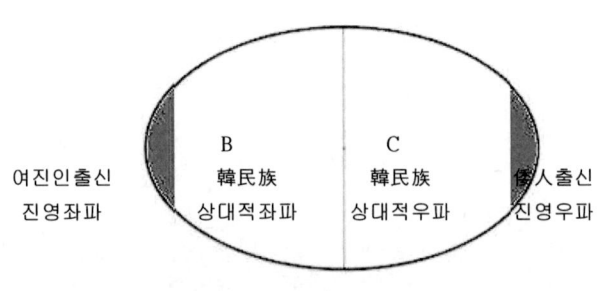

- 한반도의 전통주류민족과 소수자세력이 근래 가지는 力學관계 -

그림에서 흰 부분(B, C)은 한반도의 역사를 이어온 전통주류 민족을 표시한다. 이들은 서로다른 각자의 삶의 궤적이 있기 때문에 좌우이념정치의 환경에서 한 곳을 택하게 되는 상황에서는 상대적으로 좌파와 우파로 나뉜다. 그러나 절대

1. 국가 內 이념파벌과 부족파벌

적으로 분별되는 것은 아니고 상황변화에 따라 정파에 따라 선택투표(swing vote)가 가능하다.

A 즉 여진인 출신 진영좌파는 해당소수자의 특성상 진보좌파이념을 선호하나 그보다 더 중요한 것은 이 나라가 대륙지향적인 외교형태를 갖는 것이다. 역시 D 즉 왜인 출신 진영우파는 일제시절 상대적인 이득을 받아 경제적으로 부흥한 면이 있어서 자유시장경제를 우파이념으로 삼아 선호하는데 반면에 이들 역시 조선시대까지는 국가사회 주류의 위치가 아니었기 때문에 그 때까지 전통적인 우리 역사가치관에 대하여 부정적이다. 이점에서 본질적으로 보수가 아닌 진보인데 우리 관념이 자유시장경제를 강조하면 보수우파로 간주하기 때문에 우파로 분류되는 실정이다. 역시 더욱 중요한 것은 이 나라의 외교정책이 대륙을 멀리하고 미국 일본 등의 해양세력권에 가까워지는 것이다. 이 때문에 A 와 D는 타협이 불가능하다. 만약에 이 두 그룹이 타협하여 대륙에도 해양에도 균형외교를 한다면 그것은 B 와 C에 이득이 될 뿐이지 두 그룹 어느 쪽도 이 땅의 주도권을 갖지는 못한다. 그러므로 A 와 D 세력은 타협이 없는 패권싸움만 계속할 수밖에는 없다. A 와 D 세력은 A 와 B로 이루어진 현실적인 진보정치세력 C 와 D로 이루어진 현실적인 보수정치세력에서 저네들의 진영인 AB나 CD가 집권하는 것보다도 AB안에서 A가 혹은 CD 안에서 D가 각기 저네 진보 혹은 보수정치권 세력에서 주도권을 갖게 되는 것을 더 우선시하기도 한다.[28]

이러한 事情은 1997년 소위 진보정권이 들어선 뒤 좌우

Ⅲ. 국내 이념갈등의 실체

정권이 교대되면서 극한 증오와 대결이 계속되는 현실로 具現되고 있다. 이후의 소위 보수정권은 그 이전의 보수정권과는 다르다. 英語常用化 等 해양진출만 강조되었지 전통적 문화양식을 지키는 면은 전혀 없는 것이다. 그 이전의 보수정권이 오십년을 집권할 수 있었던 것은 D 그룹이 주도하는 것이 아닌 B, C, D 그룹을 아우르는 '韓民族政權'이었던 것이다. 실제로 당시까지는 각종 출판물과 기념물에 漢字표기가 보편적이고 전통문화의 명맥을 이어왔음을 알 수 있다. 그 당시에는 A 그룹은 소수의 '좌익분자'의 굴레를 쓰고 있었던 것이었다.

이러한 현상을 형성하는 소수자세력의 내력을 더 살피기로 한다.

2. 한국의 소수자 집단과 그 영향력

좌파와 우파 정치세력은 국가 內의 각 부족집단으로 형성된다. 외국의 예에서는 국가 內의 부족구분이 대부분 남아있기에 파악이 용이하지만 단일민족주의에 의해 部族 자료가 말소된 한국은 역사를 거슬러 올라 살펴볼 필요가 있다.

28) 管見으로는 2012년 문재인후보 선거운동진영은 운동권투쟁만을 주로 홍보하여 낙선에 기여하였고 2022년 선거에서도 상대적 '온건파' 대선주자들을 낙마시킴으로써 같은 결과를 내었다. 또한 보수진영에서도 親大陸文化 전통주류세력을 배제한 '뉴라이트' 이데올로기가 보수세력을 위축시켜 2016년과 2024년의 반복적인 위기를 초래했다.

2. 한국의 소수자 집단과 그 영향력

한반도의 국가는 신라와 고려를 이어오다가 조선시대에 이르러 그 강역(彊域)이 늘어났다. 세종 때의 융성으로 고려국경이북의 여진족29)이 대거 귀화하였고 남쪽 해안을 통해서는 왜인들의 귀화도 있었다. 조선시대 동안 이들은 오늘날의 외국인노동자들과도 같이 기반이 없는 비주류집단으로서 살아오면서 이 땅에서 생존력을 길러왔다.

이십세기 들어 이 땅이 연거푸 외세의 영향을 받음에 따라 정통의 한반도문화집단은 약화되고 이들 과거 비주류세력이 변화된 한반도환경에서 세력을 늘려가게 되었다.

나라의 역사가 진행함에 따라 한 때의 비주류세력의 영향력이 커지는 것은 업보순환의 원리에서 자연스러운 것이다. 하지만 현재 韓民族의 존재감이 공동화(空洞化)된 상태에서 상대적으로 강성(强盛)해진 여진과 왜인의 세력은 대한민국 건국 이후 한민족세력의 오십년 집권 이후30) 집권을 교대하면서 양측 모두 한반도 전통국가들의 문화계승에는 관심이 없고 저들의 처한 입장에 따라 대한민국을 중국 러시아로 대표되는 대륙세력에 가까이 붙이는가에 혹은 일본 미국으로

---

29) 이문열의 가상소설 〈우리가 행복해지기까지〉에서는 이 책에서의 여진족에 해당하는 한반도의 소수자그룹을 '되트기' 즉 오랑캐와의 트기라고 부르고 이 책에서 왜인 혹은 토착왜구로 지칭되는 소수자그룹을 한자(韓子: 일본인입장에서 한국인과의 사이에서 난 자식)라고 지칭하여 역시 주류한민족이 아닌 두 소수민족이 나라를 어지럽히고 있음을 나타냈다. 소설집 〈허시의사랑〉에 수록된 〈사라진 민족〉에도 자세한 설명이 있다.
30) 管見으로는 박정희의 軍事政變은 건국당시와 다른 최상위권력층의 교체였지만 그래도 전두환 노태우 김영삼 시절까지는 한민족이 대체로 주류세력의 영향력을 유지하였다는 것이다.

Ⅲ. 국내 이념갈등의 실체

대표되는 해양세력에 가까이 붙이는가에 각각의 명운을 걸고 경쟁할 뿐이다. 만약 상대방이 원하는 외세에 이 나라가 가까워지면 自側의 집단은 기회상실과 세력약화로 위축될 것이니 이들 두 세력끼리는 어떠한 중간적 타협도 불가능하다. 만약 대륙으로도 해양으로도 편향되지 않기로 타협한다면 그것 역시 여진인과 왜인 집단이 정통의 한민족 집단에 비해 소수민족으로서의 위상밖에 갖지 못하게 되는 것이니 이 또한 용납이 안 되는 것이다.

그러나 한반도의 國家가 대륙편향도 해양편향도 아니어야 하는 것은 한반도에 國家가 있는 이유이기도 하다. 고려말(대륙)이나 일제시대(해양)처럼 어느 한 쪽 편향인 상태는 비정상적인 것으로서 국가의 존립 意義가 없어지는 것이다. 그럼에도 시대에 따른 일시적 편향이 있었고 현대에 들어와서는 민주정치 하에서 과거보다 단기간만의 정권교대로 인한 변화가 생기곤 하는데 기실 대한민국이 어느 외세에 가까워지는가는 부차적인 것이고 이 땅의 문화의 연속성이 중심에 자리 잡아야 한다. 이를 위해서는 절대다수의 정통한민족 집단이 정체성을 자각하고 주권을 회복하여 이 나라의 중심을 잡아야 할 필요가 있다.

미국의 경우 시대의 흐름에 따라 흑인 등 非白人 국민들의 국가 내 권익이 증대하고 어느 면에서는 지도층 진입에 더욱 유리하기도 하다. 그럼에도 불구하고 미국이란 나라의 정체성을 이루는 중심문화는 과거의 백인들이 이룩한 청교도개척정신임은 불변하고 있다. 국가 내 각 부족의 세력판도는 역

2. 한국의 소수자 집단과 그 영향력

사에 따라 변천(變遷)하여도 국가의 존속을 위해서는 그 기본문화 양태(樣態)는 변하지 않아야 하는 것이다.

단일민족국가인 대한민국에서 어떻게 소수자세력 즉 소수민족을 거론할 수 있냐고 의문이 날 만하다. 그러나 우리 사회의 갈등을 인종문제에 빗댄 것은 좌파논객들이 먼저 시작했다. 그들은 수시로 미국의 흑인차별에 우리가 관심을 두도록 유도하였고 특히 정치인 안철수는 입문시절의 박원순 서울시장 후보 지원사(支援辭)에서 미국흑인여성의 버스좌석확보 투쟁을 우리 민중운동의 모범으로 제시한 바 있다. 좌파진영에서는 이준석 국민의힘黨 당시 대표의 페미니즘억제와 할당제폐지 및 능력주의 주장을 (無知한 보수 계층에 영합하는) 미국 트럼프대통령의 백인노동자 대상 인기전략에 빗대기도 했다.

한국과 미국에 동시에 가해지는 국기(國紀) 교체의 위협

일찍이 작가 張龍學은 〈圓形의 傳說〉에서 유럽에서 일어난 혁명으로 자유의 가치는 서쪽으로 평등의 가치는 동쪽으로 이동하여 한반도에서 마주쳤다고 말한 바 있다. 이렇게 위상(位相)으로 좌우대결의 중심이 되는 한국과 세계최강국인 미국은 동시에 국가의 주류가치 전복과 주류사회 민족 교체의 위협을 받고 있다.

미국은 멕시코 등 저개발국가에서의 계속되는 이민으로 미국사회의 주류인종이라는 북유럽계 백인(앵글로색슨족)의 비

Ⅲ. 국내 이념갈등의 실체

율이 70%에서 50%를 향해 줄어들고 있다고 한다. 비록 인종이 그대로 이념사상이나 선거에서의 표심으로 직결되지는 않는다 해도 미국의 주류인종이 과반수 이하로 줄고 각 인종들의 균등분포가 이루어진다면 그 상징성은 크다. 특히 애초에는 백인이 타 인종을 경멸하려고 붙인 이름이지만 지금은 오히려 흑인 쪽이 유색인종이라는 용어를 적극 사용하여(사실 유색인종이란 말은 불합리한 용어로서 동양인은 인종학적으로 유럽인보다도 아프리카인과 먼 위치에 있다.) 백인을 제외한 모든 인종을 동일시하려 하니 주류인종이 과반수 이하가 되면 미국사회 가치의 지각변동이 합리화 될 것임은 능히 짐작할 수 있다. 트럼프 행정부(1기)의 이민규제 정책은 비록 기존의 흑인과 인디언 등의 권익에는 아무 영향이 없다고 해도 주류 백인사회의 가치관을 무너뜨리고 미국의 변혁을 꾀하는 입장에서는 당혹스러울 수밖에 없었기에 인종차별 정책이라고 몰았던 것이었다.

미국이 이삼백년 이어온 주류가치가 이렇게 위협받고 있는 것처럼 한국도 이천여년 이어온 주류문화가 위협을 넘어 말살되는 위기에 처해있다. 미국의 주류인종을 과반수 이하로 줄이려 하는 위협처럼 한국도 이천년 명맥을 이어온 漢字文化 민족을 위축 말살하려는 작업이 진행되고 있다. 조선시대 이후 들어온 여진족 등의 비한자문화권 민족은 한국에서 민족정신을 쇠퇴시키고 한국을 국제허브로 변모시키려는 외세와 결탁하여 한국인의 신세대에게 非漢字문화권의 교육을 함으로써 전통가치와 異質化되게 하여 사실상 다른 민족이 되

2. 한국의 소수자 집단과 그 영향력

도록 교육시켜 놓았으며 계속해서 동남아 아랍 등의 이민을 우대하여 한국사회에 증가하도록 하여 한국의 전통주류민족은 과반 이하의 세력으로 위축시키고자 하고 있다. 여진족 세력의 영향이 강한 좌파정권이 아니라도 민족문화 전복사업(顚覆事業)은 진행되어 왔다. 기존의 한국의 가치를 여진족 동남아 아랍 그리고 상류층은 유럽좌파지식인의 가치들로 바꾸어 놓아 새로이 형성된 가치를 따르는 국가로 바뀌어가고 있다. 이대로 가면 所謂 북한에 의한 적화통일이 아니라 해도 대한민국은 국가체제가 바뀌어 국민 대다수는 자신들의 타고난 기질과는 다른 문화를 교육받고 사용하기를 강요받아 사실상 식민지 노예와 같은 생활을 하게 된다.[31]

대한민국에서 소수집단이 국가권력을 장악하는 상황을 미국에 비유하자면 노예생활 등으로 차별받아 前生의 恨이 쌓아있는 흑인집단이 복수심을 품고 수십년에 걸쳐 문학 예술 언론 공무원 인문과학 등 국가적 영향력이 강한 분야를 점유해 가다가 마침내 그 세력이 충분히 커지자 저들의 취향대로 국가의 체제를 바꾸고자 거사(擧事)하는 것과도 같다. 만약 미국에서 정말로 이런 일이 진행되었다면 그 과정에서 각계의 영향력 있는 자리에 흑인의 비율이 지나치게 많아지는 것이 드러날 것이기에 도중에 차단되었을 것이다. 한국과 같이 집단 간의 외모차이가 두드러지지 않은 사회에서 이와 같은 현상은 부지불식간에 성사되는 것이다.

---

31) 지금도 언어사용 및 외국어표기에서 우리 민족의 자연스런 選好와는 다른 표기방식을 강요당하고 있다.

Ⅲ. 국내 이념갈등의 실체

소수세력의 권력 장악 시도에 따른 국가혼란

나라의 권력을 차지하려 각 집단세력이 싸우는 것은 인류의 오랜 역사이지만 오늘날에는 선거제도가 있으니 국민이 일상생활에 지장을 받으면서 세력투쟁에 참여할 필요는 없어야 한다. 그럼에도 한국사회가 계속해서 정치적인 혼란과 시련을 겪어왔던 것은 정상적인 선거를 통해서는 집권할 수 없는 소수자 세력이 나라를 접수하여 저들의 취향대로 나라를 지배하고자 하는 데에 있다. 이것은 사회주의니 공산주의니 하는 이념지향을 動因으로 볼 것이 아니다.

국가내의 소수 비주류 세력은 전통적 지식교육과 능력경쟁의 사회구조에 적응성이 덜하다. 기존의 국가사회 교육문화구조는 다수 주류세력에 맞게 조성될 수밖에 없기 때문이다. 이는 미국과 같이 외형으로 집단구분이 뚜렷한 사회에서 분명히 드러난다. 미국의 흑인국민은 비록 사회적으로 균등한 교육의 기회와 능력평가의 공정성을 적용한다 해도 백인국민에 비해서 교육성과평가와 경제능력경쟁에서 불리하여 자유경쟁과 시장경제의 체제하에서는 백인국민보다 평균적으로 하류층에 머물게 된다. 영어에 기반을 둔 지식문화와 기독교적가치관은 본래 아프리카 흑인문화와는 다른 것이기 때문이다. 반면 흑인은 예체능 방면에서 종종 다수백인을 능가하는 역량을 보인다. 미국이란 선진국의 축적된 지식문화에 따른 생산성을 흑인국민은 따라가기 어렵지만 본래 아프리카에서

2. 한국의 소수자 집단과 그 영향력

도 특유의 예술적 표현과 운동능력은 충분히 개발해왔던 것이다. 열대지방의 풍부한 생활자원 아래서 살아왔으니 절제와 규율을 따라 생산활동에 종사하기에는 익숙지 못하다. 자본주의 사회에서 칭찬받는 성품인 근면성실성이 부족해 자본주의 경쟁사회에서의 자유경쟁을 통한 신분개척이 어려운 것이다. 만약에 미국의 흑인국민의 뜻을 우선하여 미국의 사회제도를 정한다면 저들의 기질이 사회적 불이익으로 이어지지 않는 사회주의나 공산주의를 택할 것이다.

이와 같은 현상은 미국뿐만 아니라 한국 등 세계 여러 나라에 거의 공통된다. 국가의 비주류 세력은 좌파적 이념이 반영된 사회체제가 실시되어야 그들의 국가 내 지위와 영향력을 점유하기에 유리하다. 일단 그러한 체제가 실시된 후에는 지식교육성과나 능력평가경쟁이 아닌 방식으로 권력을 얻어 이권을 점유하고 이후에도 자유경쟁을 통한 신분교대를 어렵게 함으로써 주류세력으로 자리 잡을 수 있다. 자본주의 경쟁체제를 극복하자는 운동은 오히려 그 이전의 봉건주의로 회귀하는 효과를 가져오는 것이다.

대한민국의 가치는 자유민주주의와 시장경제라는 근대이념 말고도 우리민족이 수 천 년 이 땅에 있어야 했던 이유와 함께한다. 대한민국의 위기는 좌파니 우파니 하는 이념의 문제가 아니다. 대한민국의 대다수 국민과 다른 정체성을 가진 세력이 그들의 뜻대로 이 나라를 바꾸고 있는 것이다. 경제정책문제 뿐만 아니라 우리민족의 성향에 맞지 않는 각종 문화제도에 의한 지배는 어느 사이 우리국민의 행복도(幸福度)

Ⅲ. 국내 이념갈등의 실체

를 떨어뜨리고 국가의 동력을 약화하고 있다.

오랑캐의 성향 좌파세력에 승계

6·25 당시와 이후 反共이라는 구호가 대한민국사회에 저항감 없이 회자(膾炙)되던 시기까지는 북한과 中共을 오랑캐라 지칭했다. 그러나 언제부터인가 오랑캐라는 호칭은 뜸해졌다. 오랑캐란 말이 없어졌다보다는 우리 민족을 오랑캐와 맞서는 위치에서 옮겨 오랑캐와 일치시키려는 변화가 있었다. 필자가 역사교육을 받았던 시기 전후에는 우리의 정통국가들이 북방유목민과 대립하고 중국의 한족정권과는 화친했던 것을 비판하면서 자기네 스스로가 오랑캐이면서 어떻게 같은 민족인 오랑캐를 멸시하고 중국에 사대할 수 있느냐면서 이른바 중화사대주의를 비판하는 史觀이 팽배했다. 제도권 교과서에서는 김부식(金富軾)의 三國史記 서문을 정상적으로 게재하여 교육했으나 삼국사기가 사대주의로 씌어진 것이라는 인식이 팽배하게 되었던 것은 당시 발간되었던 각종의 역사교과참고서를 통해 전달되었던 것 같다. 현재도 일부 역사교과참고서는 과거역사의 정당성을 부정하고 전체의 절반이상을 이십세기 이후의 서술에 할양하곤 한다. 중국에 한족이 있고 유목민족이 있었으니 당연히 한반도 역사에서도 한족과 중화문화를 공유한 민족이 있고 그렇지 않은 민족이 함께 있었다. 다만 역사상의 주류를 이어온 곳은 중화문명을 공유한 민족이었음은 명백하다. 한반도역사에서 소외되었던 민족집

2. 한국의 소수자 집단과 그 영향력

단이 저들의 입장에서의 역사서술로 한반도 역사관을 교체하려 함은 단일민족주의에 편승하여 특정세력의 입장을 한국인 전체에 적용시키려는 부당한 시도이다.

오랑캐는 본래 한반도와 중국대륙에서 전통 선진문명권과 대립하는 북방 유목민 족속 중 한반도 북방의 한 갈래를 지칭하며 우리말에서는 동양선진문명권에서 후진문명권을 낮추어 부르는 대명사로 통한다. 현대사에서 북한과 중공을 오랑캐라 칭했던 것은 공산주의 세력이 전통문화가치를 부정하고 그들의 집권과정에서의 흉포성이 몽고족과 만주족의 중국점령당시와 조선에서의 병자호란 당시의 그것과 연관되기 때문에 붙여진 것으로 보이나 역(逆)으로 북방유목민족의 후예 등 韓中의 비주류세력집단이 기존의 문화체제에서의 득세(得勢)의 불리함을 극복하기 위해 전통지식문화체제를 否定하는 共産主義의 기치(旗幟)를 내세웠다고 볼 수 있다.

본래 두만강유역 등지에 살던 소수민족으로서는 대륙과의 긴밀한 관계를 갖는 것이 그들의 인연의 내력과 어울린다. 일본과는 거리두기를 하여 태평양전쟁 후 팔십년이 지난 지금도 종종 일본의 전쟁범죄를 부각시켜 한국인으로 하여금 일본을 향한 증오심을 유지하도록 하고 있다. 자주 강조하는 재벌개혁은 일제시대와의 연속선상에서 일어난 한국의 자본체계를 변화시켜 일본에 가까운 분파세력이 가지는 영향력을 약화시키는 목적이다.

미국 일본 중국 등의 주변국 중에 상대적으로 중국과 가까이 하고자 하나 중국생활권에서의 소수민족으로서의 정체성

Ⅲ. 국내 이념갈등의 실체

을 가지기 위해 한글만을 우리국어로 인정한다. 이들의 영향을 받은 정권은 김대중 대통령 시절에 공직자의 모든 서명을 한글로 강제하였고 노무현 대통령 때에는 한글만을 국어로 하는 국어기본법을 못 박고 열린우리당은 국회의원 명패를 한글로 바꾸었다. 세종의 여진족 병합 이전에는 우리역사에 포함되지 않았던 그들이니 우리가 이천년 써왔던 漢字는 그들의 입장에서는 우리글이 아닌 것이다.

해당진영의 영향을 받은 역사교과서에는 그들 스스로 정체성을 인지하고 있음이 드러난다. 中古代史가 대폭 축소되고 일제시대부터 상세한 역사서술이 전개된다. 고구려와 발해시대에는 하층계급인 말갈족으로 있었고 고려시대에는 국경 밖의 여진족으로 있었던 그들이니 한반도역사의 중고대사는 그들의 역사가 아니다. 오히려 일제시대는 정통 주류세력인 한민족의 지배권이 상실된 상황에서 북방 소수자 세력의 상대적인 발흥의 계기가 되었다. 이들의 한반도국가 구성원으로서의 역사는 조선시대 세종의 여진족병합 때부터 있었지만 조선시대에는 영향력이 적은 하층계급으로 있었기에 그다지 상세한 기술은 하지 않았다. 일제에 이르러 그전까지 한반도국가를 다스렸던 사대부계층이 몰락한 뒤로는 동등한 위치에서 독립운동 등의 활동을 활발히 시작하였으니 비로소 상세한 역사기술(歷史記述)의 명분이 생겨난 것이었다. 이에 따라 전체의 삼분지일 정도만 넘어서부터 일제시대부터의 근현대사 서술로 들어간다.

지난 박근혜정부 말기에 제기된 교육정책에는 두 가지 중

2. 한국의 소수자 집단과 그 영향력

요한 것이 있었는데 역사교과서국정화와 초등학교 한자교육이었다. 역사교과서국정화는 당시 야당이 총력전으로 정치이슈화한 바 있다. 그런데 이상하게도 초등학교한자교육은 일부단체와 언론에만 맡기고 정치권은 한마디도 언급하지 않았다. 초등학교 한자교육으로 국민대다수가 漢字를 자유롭게 읽고 사용할 수 있게 되면 비한자문화권인 여진족 오랑캐에 뿌리를 두고 있는 좌파세력으로서는 세력 확장에 지장을 주기 때문에 반대하고자 하나 국민여론상으로는 한자교육의 찬성이 많아 정치적으로 불리하여 아무 말 못하고 냉가슴을 앓다가 아예 다른 구실(탄핵)로 정권을 중단시키는 것 말고는 방법이 없었다.

우리의 문화성향 바꾸기 위해 도로명주소 강요

우리국민 다수가 고개를 갸우뚱하고 있는 도로명주소 강요 정책은 좌파정권에서 비롯되었다. 김대중정부 시절부터 각 동네이름의 '순한글化'를 추진하고 있었던 것이다. 이미 주소의 전산화로 기존의 주소를 검색하면 길 찾기에 전혀 불편이 없는데도 전통적인 漢字地名을 말살하려는 목적으로 강행했다. 배오개길 마른내길 참빛내길… 이것들은 기존의 주소이름보다 우리민족 대다수에게 발음이 편하지가 않다. 조선시대 야인으로서 벌판을 횃불 들고 오갔던 그들은 정주민(定住民)의 방식이라는 지번(地番) 주소에서 유목민 방식이라는 도로명주소로 우리의 문화를 바꾸어 세력 확장의 바탕을 삼고

Ⅲ. 국내 이념갈등의 실체

자 했다.

한자문화권민족언어의 음절별 발음체계 해체추진

노무현 정부에 이르러 우리고유의 넓이단위인 평수(坪數)를 쓰지 못하게 했다. 제곱미터라는 긴 발음을 일상화하라는 강요는 우리민족의 언어체계와는 이질적이다. (m^2의 발음에 있어서도 의미가 명확하고 우리민족이 발음이 편한 평방(平方)미터가 있음에도 출처가 불분명한 제곱미터로 발음하라고 강요받는 실정이다.)

노무현 정부 때 미터법의 강요(强要)가 법제화되었다. 그런데 미터법강요는 오래 전부터 있었던 것으로서 이미 쓰일만한 곳은 다 쓰이고 있다. (쌀과 고기를 재는 말 되 근 등을 없애니 '되로 주고 말로 받는다'는 속담도 어려운 말이 되었다.) 이것이 국제정세에 순응하기 위한 것이 아닌 것은 최대 우방이라는 미국도 일찍부터 미터법을 상용하지는 않고 있었던 것이다. 필자의 대학시절(1978년) 물리학 영문학습교재에서도 미터법을 쓰지 않고 야드파운드법을 쓰고 있었다.

현재 우리나라는 미터법이 상당히 정착되어 평수(坪數) 등 일부의 전통단위만이 일상생활에 남아 있으며 학술연구에는 전혀 영향을 주지 않는데 왜 새삼스레 조금 남아있는 전통 도량형 단위도 그 흔적을 없애려고 광분했을까.

실상은 미터법의 보급 자체가 중요한 것이 아니다. 이미 일본과 중국은 그들 나름의 쉬운 발음으로 정착하고 있다.

2. 한국의 소수자 집단과 그 영향력

우리도 미터를 米라고 했었지만 (아마도 일본식발음이라 하여) 없어졌다.

어떤 학자가 미터법 정착을 활성화하기 위해서는 미터법 단위의 명칭을 평(坪) 근(斤) 관(貫)과 같이 (중국의 公斤=kg처럼) 발음하기 쉽게 하면 된다고 주장한 바 있지만 받아들여지지 않는다. 우리사회를 바꾸려는 세력의 목적은 한자문화흔적 없애기의 일환으로 일상에 흔히 쓰이는 말에 한자어 발음을 없애고자 하는 것이다. 즉 평 근 관 등의 편한 한자 발음을 하지 못하게 하고 킬로 세제곱미터 밀리리터 등 혀를 굴리는 다음절발음을 일상적으로 사용하여 국민의 언어생활을 한자어발음체계로부터 벗어나게 하려는 것이다. 본래 우리말은 가까운 중국의 언어의 영향이 없지 않아서 단음절 발음에도 고저장단의 성조가 있음으로 해서 구분이 가능했는데 (훈민정음 창제시의 傍點 사용) 이러한 전통언어를 몽고어나 영어처럼 다음절 발음을 체계로 바꾸려는 것이다. 물론 '귀찮은' 방점을 없앤 것은 훨씬 전의 일로서 일제시대와 대한민국 건국 후에 계속되어온 언어개조운동과는 다른 것이었지만 당시에는 한문을 주된 의사소통수단으로 사용하고 한글은 보조적인 것이었으므로 정확도가 중요하지 않았다. 하지만 지금 한글만의 표기를 강제하는 경우가 많은 시대에서는 방점의 상실을 보완해야 온전한 언어표기가 될 것임이 명백하지만 전혀 그런 노력을 하지 않는 것이다. 이 때문에 위에서의 '말'(言語, 馬, 斗, 棋子(장기말), 大(말벌)…) 등 실제로는 동음이의어가 아님에도 마치 우리말이 동음이의어가 매우 많은

Ⅲ. 국내 이념갈등의 실체

하등언어인양 인식되는 형편이다.

 국립국어원과 이에 따르는 일부 언론은 우리 언어를 받침 사용과 음절단위발성을 탈피하는 방향으로 몰고 있다. 맞춤법개정을 통해 굳이 음절단위로 의미 표현이 있는 '설겆이'를 다른 단어와 혼동의 우려가 있는 '설거지'라고 바꾸었다. '돐'→'돌', '쌓'→'싹' 등도 마찬가지이다. 사진관 간판에 '돐사진 전문'으로 쓰지를 못하게 되었는데 그렇다고 '돌사진 전문'으로 써놓지도 못하고 결국은 'Baby Photoshop'으로 써올리도록 유도하는 것이다. 한글의 음절단위 의미표기기능을 점차 없애고 풀어쓰기에 가까운 단순표음으로 맞춤법을 몰아가고 있는 것은 외국어표기에서도 나타난다. 영국의 축구팀의 이름에서 토튼햄(TottenHam)이라 했던 것을 토트넘이라고 부르게 했다. 햄(Ham)은 마을을 뜻하는 단어로서 비슷한 이름인 웨스트햄(WestHam) 풀햄(FulHam) 등이 있어서 의미의 체계성을 갖출 수 있었지만 토트넘 풀럼 이라 부르고 웨스트햄은 그대로 부르는 상황에서는 독자는 한글이름으로는 이들 팀의 이름에 체계성이 있음을 전혀 알 수가 없다. 인명표기에 있어서도 두 단어의 의미가 있는 '네탄야후'를 곧이 현지음과도 무관한 '네타냐후'라고 표기하도록 강요한다. (נת;נִיהוּ:, '나탄' (주다)과 '야후'(여호와, 하나님)의 결합으로 이루어진 '여호와가 주셨다' 또는 '하나님이 주신다'라는 의미. ChatGPT) 원래의 모든 정보를 없애고 Netanyahu 라는 영어표기에 아래로 들어가자는 것이다. 이렇게 우리언어의 음절단위의 분별기능을 없애고 한글에서 그저 풀어쓰기식의 단

2. 한국의 소수자 집단과 그 영향력

순표음기능만 남기고자 하는 것은 한자식음절단위발음에 익숙해 있는 우리전통주류민족의 문화체계를 말살하려는 의도이다.

고구려 발해는 한문사용으로 우리민족의 국가 증명

중국이 동북공정을 한다는 말을 흔히 듣는다. 중국이 동북지방 즉 만주지방에 있었던 고구려와 발해의 우리민족 국가들을 저네 역사로 편입하려 한다는 것이다. 그런데 여기에 반발하는 것은 좋기만 하는 이야기는 그저 '우리역사를 도둑질해간다'는 비난밖에는 없고 어떤 논리적인 반박은 없다.

고구려와 발해를 중국의 지방정권으로 보려는 것은 일단 중국 역사상 그렇게 오래 지속된 왕조가 없었다는 것으로 균형이 맞지 않지만 그보다 분명한 증거가 있다. 고구려와 발해는 漢文을 國文으로 使用하고 있었다는 것이다.

중국의 변방에 있었던 여러 민족들은 민족국가를 세워 중국 주변을 위협하다 결국엔 흡수되곤 했다. 국가는 하늘의 뜻에 따라 지상을 다스리는 조직체이다. 인류최상의 진리체계를 함유하지 못하는 변방의 민족문화로는 국가라는 독립체를 결성하지 못하는 것이다. 한반도의 국가는 중국과 동등한 수준의 문화를 가지며 별도의 국가로 존재해 왔으며 중국주변에 명멸(明滅)했던 비한자문화권 민족국가들과는 급(級:class)이 다른 지속성 있는 공동체인 것이다. 한반도의 정통국가는 중원대륙국가에 대하여 문화민족의 나라로서 당

Ⅲ. 국내 이념갈등의 실체

당히 있었고 중국에 물자를 원조해 달라고 일방적으로 달라붙던 그런 나라들과는 달랐다. 신라와 고려는 물론 고구려와 발해도 이에 속하는 것이다.

중국주변의 민족국가들이 몽고 티벳 흉노 만주 등 중화문명과 이질성을 갖는 비한자문화권 국가들임과 대조적으로 고구려와 발해의 지배층은 광개토대왕비 등에서 보듯 漢字를 쓰는 문화민족이었다. 고구려와 발해가 멸망하고는 많은 유민(遺民)들이 南下했다. 그리하여 통일신라 이후 다시 고려를 세울 수 있었다. 남북조시대의 중국 漢族의 南下와 같은 맥락으로서 중세이후 문화민족들이 남하하는 것은 동아시아의 공통된 현상이었다. 중국에서도 漢나라 시대까지는 만리장성이 훨씬 북쪽에 있었으나 이후 북방 비한자문화권 민족의 활동이 활발해지면서 그들의 약탈을 피해 기존의 문명민족이 남쪽으로 피난하여 남북조시대이후는 양자강 남쪽이 경제의 중심지가 되었다.[32]

---

32) (인터넷자료) 글쓴이 李基承 날 짜 2008/03/09 / 서울에서 '강남'하면 한강 남쪽에 위치한 11개 구 전체 보다는 강남구 혹은 인접 8학군 지역을 말한다. 중국의 '강남'도 장강(長江) 남쪽 11개 성 전체 보다 흔히 상해시와 江浙(강소, 절강 兩省), 혹은 조금 넓혀 인접한 안휘·강서·호북성 중의 일부 지역까지 일컫는다. 이곳은 원래 南蠻이라 불리던 楚, 吳, 越의 영지로서 당시 중국 인구의 10%만 거주하던 척박한 변두리였다. 漢代에 철기농구와 토목기술이 발전되며 종전에 엄두를 못 내던 습지의 개간이 시작 되었다. AD 309년 영가(永嘉)의 난 이래 북방 유목 기마병단의 약탈을 피해 강북의 중산층이 淮河를 타고 남쪽으로 피난 행렬을 이루었고, 마침내 司馬睿가 建康(지금의 남경)에 東晉을 도읍하여 남북조시대 370의 역사를 열게 되었다. 풍부한 수량과 온화한 날씨에 힘입어 唐代에는 이 지역만으로 전 중국 인구를 먹일 수 있는 곡창으로 탈바꿈 되었다. 중국의 정치 중심이 고대의 서안에서 낙양, 개봉, 북경으로 東北

2. 한국의 소수자 집단과 그 영향력

발해 이후 만주지역은 遼(요)나라와 金나라 등 비한자문화권 國家가 세워졌다. 이들 民族國家가 망하거나 통제력이 약하면 추장이 다스리는 원시적 野人 사회가 되었는데 이들은 근세조선건국을 전후로 한반도와 많은 교류를 했다.

조선의 건국에 여진족은 많은 기여를 하였다. 이성계가 여진족이라는 설도 있으나 전주지방에서 함경도지역으로 망명을 가서 그곳의 여진족을 다스려 왔다는 기록을 믿어도 다를 것은 없다. 여하튼 이성계의 전기에 나오는 퉁지란 등을 비롯해 여진족이 조선건국에 기여한 것은 분명하다.

조선의 건국은 중국역사에서의 원나라와 청나라의 건국과도 같은 형태이다. 몽고지역은 본래 중국의 영토가 아니었으나 몽고족이 중원을 점령한 이후부터 몽고지역은 중국의 영토가 되었고 두지역의 경계선상의 지역인 北京이 중국의 수도가 되어 이후 승계되었다. 만주지역은 중국의 영토가 아니었으나 만주족이 중국을 점령한 이후부터 만주지역은 중국의 영토가 되었다. 한반도의 대륙인접지역은 본래 고려의 영토가 아니었으나 함경도 등 이 지역의 세력이 고려를 점령하게 되어 이후 한반도의 국가는 이 지역을 영토에 포함하게 되었다. 중국처럼 변발(辮髮) 등의 풍습강요는 있지 않았으나 온돌 등 편리한 풍습은 반도에서 자발적으로 받아들여졌다.

進 하는 동안, 경제중심은 양주, 소주, 항주로 東南進 해오다가 20세기에 이르러 상해로 정착되었다. 2006년 江浙의 1인당 소득이 중국 평균의 2배(상해시는 3.7배)인데, 1000여 년 전에는 이 차이가 더 컸다고 한다. 문화예술에서도 송대 이후에는 강남이 주도를 해왔다. 한 예로 明·淸 500년간의 科擧 장원급제자의 70%가 江浙 출신이라고 한다. …

Ⅲ. 국내 이념갈등의 실체

그러나 비록 북방지역의 세력자가 점령지의 군주가 된 것은 중국의 경우와 공통된다고 하더라도 중국역사와의 차이점은 북방지역의 점령군을 이루는 민족이 점령지의 지배계급이 되지 못한 것이다. 王朝는 북방을 기반으로 하였으나 나라를 운영한 주된 세력은 남방의 지식인 계층이었던 것은 중국역사에서도 많은 형태이지만 중국에서는 건국에 기여한 북방인의 신분을 보장해주었던데 反해 조선은 건국이후 사대부편향으로 나아갔다.

조선건국에 기여하고도 귀족대접 받지 못한 여진인의 恨

태종까지의 권력투쟁시기 후 조선의 실질적 건국군주인 세종은 조선건국에 여진족의 공로를 인정하여 사대부의 반대에도 불구하고 여진족을 통합하였다. 이로 인해 조선시대 초기에는 고려시대와는 달리 북방접경지역과의 큰 분쟁이 별로 없었다.

그러나 평화가 찾아오자 무력에 강한 족속들의 필요가 없어졌다. 그들은 세금면제 이외에는 혜택이 없었다. 중국의 원나라와 청나라에서 몽고족과 만주족이 백성으로부터 정해진 상납을 받는 등 최고귀족계급으로서 많은 혜택을 누린 것에 비교할 때 형편없는 대우를 받았다.

결국 정착하여 생산에 종사하기에 서투른 그들은 유랑하며 천민이 되었다. 조선시대에 천민은 세금을 내지 않았다는 것은 천민을 불쌍히 여겨 배려한 것이 아니라 세금을 안내도

2. 한국의 소수자 집단과 그 영향력

되는 특별배려를 받은 집단이 천민으로 전락한 것이다. 조선은 건국에 기여한 그들을 토사구팽한 것이었다.

오늘날까지도 그 원한이 풀리지 않았기에 한반도에는 갈등이 끊이지 않는다. 여진족 후예의 입장에서는 중국의 원나라와 청나라처럼 사대부계층을 누르고 비한자문화권 민족문화가 다스리는 새로운 조선을 다시 세우고 싶을 것이다.

大韓民國이 아닌 後朝鮮

현재 사실상 새로운 조선을 세우는 움직임은 상당히 진척되어 있다. 세종대왕은 〈漢陽五百年歌〉[33]의 역대 국왕 서술에서 보면 평온한 집권기를 보낸 보통군주였다. 그러나 현재 역사상 가장 뛰어난 군주로 숭앙됨은 물론 대한민국까지 포함하는 개국군주와 같이 추앙을 받고 있다. 한국 내의 일부 영혼은 高宗의 大韓帝國에서 이승만의 大韓民國으로 이어지는 국가보다는 세종대왕 때부터 이어지는 국가를 새로 건설하는 데 많은 미련을 두고 있다.

세종대왕상은 덕수궁에 있었는데 제한된 공간 안에 있기 때문에 많은 사람들이 와서 참배하기에는 부족했다. 그러다 한 때 여의도광장에 인파가 늘고 서울의 중심으로 부각될 듯하자 여의도광장을 없애고 공원을 만들어 세종대왕상을 세웠

---

33) 1935년 世昌書館 발행의 歌辭에 "이십팔왕 諸王중에 복력좋고 편하시기 세종대왕제일이라"고 서술되었으나 특별히 업적칭송에 다른 왕들보다 많이 할당하지는 않았다.

Ⅲ. 국내 이념갈등의 실체

다. 그러나 공원화 이후 이전처럼 사람들이 많이 오지는 않았다. 결국 다시 건립할 수밖에 없어 기존 이순신장군상과의 부조화에도 불구하고 광화문에 또 세워진 것이다. 이렇게 세종대왕을 민족의 우상으로 세우려는 노력은 실로 집요했던 것이었다.

물론 이보다 더욱 큰 것이 세종시의 건립이다. 미국의 건국대통령의 이름을 딴 워싱턴시와 마찬가지로 한국을 조선시대의 연장으로 만드는 목적으로 세종시를 건립한 것이다.

현재의 좌파의 기원은 왜 세종 때 병합한 兀良哈(올량합=〉오랑캐) 등의 여진족으로 추정되는 것인가. 물론 간간이 좌파세력이 그들을 우호적으로 부르는 것을 보아왔다. 필자의 대학시절 한 운동권 친구는 학교시기에도 '여진족 등이 한국인'이라는 발언을 했고 이후 그가 유력 진보 시사잡지의 편집장을 하였을 때도 정부의 '對美편향외교'를 비판하면서 조선 광해군이 明나라 편향외교를 벗어나 (여진족의 국가인) 淸나라에 가까워지려는 양다리외교를 하였음을 본받아 중국에 가까워지는 외교를 하라고 주장하였다. 기타 사회운동가 백기완 씨 등이 저술한 오래된 좌파 민족의식고취 관련 책에서는 유달리 우리민족을 몽고족이라고 단정하는 것을 보아도 좌파의 원류는 조선시대까지 우리국가사회의 주류를 차지하지 못했던 비한자문화권 북방인 계열임을 추정할 수 있다. 그리고 그들 좌파의 현재에도 나타나는 특징을 살피면 역시 중세이후 북방인의 성향을 잘 보여준다.

2. 한국의 소수자 집단과 그 영향력

첫째 불빛을 들고 돌아다니기를 좋아 한다
- 본래 북방의 넓은 지역을 다니며 살아왔던 그들이니 벌판을 횃불을 들고 오가는 것은 거의 일상사가 되었을 것이다. 이러한 성향이 오늘날까지 전수되어 기회만 오면 촛불시위를 하러 거리에 나옴은 물론 할 수만 있으면 횃불로 밤하늘을 덮으며 시위하기를 원한다. 설령 나라가 탈 없이 운영되어 아무리 살기 좋은 평화세상이 와도 이러한 행사를 포기할 수 없을 것이다.

둘째 꽹가리 등을 치며 요란하게 놀기를 좋아 한다
- 조선에 편입된 후 평화시대가 오자 마땅히 할 일이 없던 그들은 유랑극단 등의 생활을 하는 경우가 많았을 것이다. 실제로 좌파단체에서 마당놀이와 노제(路祭) 등 야외에서의 행사문화가 발달한 것을 볼 수 있다.

셋째 親中이지만 한글전용지향이다
- 그들은 세종의 한글반포와 함께 조선에 편입했다. 그러므로 漢字를 쓰던 이천년의 한반도 역사는 그들의 역사가 아닙니다. 편입되기 전 북방에서의 그들의 문화도 漢字文化가 아니었으니 그들이 漢字를 '우리글'로 여기지 않음은 당연하다. 게다가 그들이 한반도 내에서 세력을 강화하려면 기존의 문화적 열세를 극복해야 하므로 二千年 동안의 漢字文化를 폐하고 한반도의 모든 사람이 새로이 동일한 조건에서 재출발해야 유리하다. 따라서 그들은 우리나라를 漢字를 사용하지

III. 국내 이념갈등의 실체

않는 국가로 만들기 위하여 부단히 노력한다. 설령 제한적인 한자교육을 허용하는 일이 있더라도 나라의 공식 문자로는 인정하지 않으려 한다.

좌파오랑캐세력의 친중지향은 중국에 소수민족자치구인 내몽고자치구가 있고 독립국가인 외몽고 즉 몽고공화국이 있는 것처럼 중국변방 민족으로서의 국가사회를 지향하는 것이라고 할 수 있다.

그러나 한반도 정통국가의 가치는 중국과의 민족적 구분이 아니라 동양정통문명을 공유하는 별개의 국체임에 있다.

소위 우파세력은 좌파세력이 우리나라를 중국에 병합시키려한다고 의심할 필요는 없다. 그런 경우 지배층의 특권을 상실하기 때문이다. 좌파 측의 희망은 해양의 영향권을 떠나 상대적으로 중국의 영향권에 있는 것을 용납하되 漢字를 쓰지 않고 독자적인 글자인 한글만을 쓰는 것으로 중국과 구분되는 나라가 되고 싶어 한다.

그러나 단지 문자를 다르게 쓴다고 독립이 보장되지 않음은 쉽게 확인된다. 티벳과 위구르는 漢字를 쓰지 않지만 중국에 철저히 속해있다. 독립국가의 문화요건은 인접국가와 문자 같은 것이 다르다는 것이 아니라 스스로 인류가 이룬 현재의 최상급 문명을 수용할 수준이 되는가에 있다.[34] 아프리카의 마사이 족 등 여러 원시문명공동체가 스스로 국가체제를 이루지는 못하는 것을 볼 때 고급학문표기가 불가능한

---

34) 헤겔 〈역사철학〉, "정신의 최고개념을 가진 민족이 세계사적이다."

2. 한국의 소수자 집단과 그 영향력

한글문화로 한정된 공동체는 점차 '민족집단'으로 변화될 것이고 구성원은 大處로 나가 出世하려면 반드시 외부의 문화를 배워야 하는 형편이 된다. 중국의 조선족이 자체문화는 한글전용을 하면서 중국사회의 주류에 참가하려면 반드시 타문화인 중국어를 배워야 하는 것처럼 한글전용이 유지되는 좌파지배사회의 한국에서 국가지도층은 外國文化習得者에 한정될 것이다.

넷째 反日이며 反美이다

- 좌파의 반일과 반미는 이미 잘 알려져 있다. 본래 한반도북부의 대륙접경지역에서 지내온 그들이었으니 한반도의 다른 집단들이 취하는 입장보다 대륙과의 교류를 더욱 원하게 된다. 기질적으로 심정적으로 대륙과의 교류가 더 자연스러운 그들이니 만약 다른 한국인들이 미국이나 일본과의 교류가 제한되어 한반도에 묶여 살게 된다면 그들로서는 '넓은 세상'과의 교류에 있어서 우위를 점하게 되어 한반도 지배층의 지위를 얻고 유지하기에 유리할 것이다. 그러므로 할 수 있는 한 일본과 미국에 對한 좋지 않은 인식을 한국인 全般에 보급하여 교류를 제한하려는 것이다.

그러나 작금의 현실좌파 정치세력은 그렇지 않다. 원칙적으로는 반일과 반미는 동반되는 것이어야 정상이지만 이제는 좌파세력도 정치권에 진입하여 이른바 상류기득권층으로 자리 잡은 지 이미 오래이다. 다만 소위 보수세력과 정권교대를 할 뿐이다. 현실적인 한미동맹의 중요성도 이유이겠지만

Ⅲ. 국내 이념갈등의 실체

좌파정치세력을 형성하는 계층 스스로가 사회적 상류층으로서 미국과 통하여 利權을 얻는 입장에 처해있으니 제도권의 혜택을 누리면서 반미적 행태를 보이기는 어렵다. 이 때문에 보수운동세력의 '희망'에도 불구하고 좌파정치세력이 반미행태를 보이지는 않는다. 다만 그 원초적인 '反海洋性向'은 일본에 집중되어 좌파정권하에서는 일본과는 과거사 등 어떤 이유에서든지 긴장관계를 형성한다.

좁은 대한민국은 이웃과의 교류가 중요하다. 그러나 歐美와 교류하는 상류층은 진영별로 역할을 분담하여 소위좌파는 반일 소위우파는 반중으로 민중을 몰아가는 경향이 있다. 미국유럽 유학은커녕 여행도 갈 형편이 안 되는 서민층 젊은이가 상류층의 선동으로 反日反中에 휩쓸리는 것은 안 될 일이다.

미국 및 유럽과 교류하며 국가지도계층을 형성하는 계층으로서는 일반국민이 가까운 일본 및 중국과 교류하며 활동범위를 넓히는 것은 독보적 위상유지에 지장을 줄 수 있어 꺼리게 된다. 간혹 춘추전국시대의 원교근공(遠交近攻)을 들기도 하지만 당시에는 나라의 주인이 제후(諸侯)나 왕이었고 현대는 민주국가시대이다. 권력자의 통치에 편리한 외교정책보다는 국민에게 생활개척의 많은 기회를 제공하는 외교정책이 비록 운용하기에는 어려운 것이지만 민주주의 국가에서 택해야 할 길이다.

좌파측은 보수상류층이 나라를 일본에 팔아먹을 듯이 선전하지만 이 나라의 상류기득권층에 친일파는 없다. 보수상류

2. 한국의 소수자 집단과 그 영향력

층은 설혹 뿌리는 親日일지라도 이미 경제적으로는 미국 문화적으로는 유럽과 긴밀한 관계를 맺고 있으며 '아무나' 여행할 수 있는 가까운 일본은 되도록 국민일반이 멀리하고 교류하지 않도록 좌파의 反日캠페인에 동조하여 친일공격도 피하고 기득권도 강화하는 일석이조의 효과를 얻고 있다. 이러한 위선(僞善)을 피하여 일본과의 교류증진의 필요성을 표면적으로 주장하는 보수정파가 있으면 좌파정파로부터는 물론이고 상당수의 보수정파로부터도 배척당하기 쉽다. 친일배격이란 구호는 좌파의 세력강화와 보수우파상류층의 기득권강화에 공히 효과적인 도구가 되어준다.

다섯째 古代史를 대폭축소 한다
 - 좌파가 사실상 내용을 통일시켜 보급하고자하는 역사교과서를 보면 전체의 채 三分之一이 되기도 일제시대의 참상이야기가 나온다. 북한의 역사교과서와 마찬가지로 중고대사를 대폭 축소한 것은 조선시대에 우리민족에 편입한 그들에게는 그 이전의 역사는 의미가 없기 때문이다. 조선시대도 기대하던 상류계층의 지위를 얻지 못하고 천민으로 전락한 시기였으니 그다지 자세히 서술할 이유는 없다. 그러나 일제시대에 들어와서 대폭적으로 상세한 서술을 하는 것은 명목상으로는 나라를 빼앗긴 통한(痛恨)의 시기(時期)이지만 실상은 오백년간 그들을 억눌러온 조선 양반세력이 패망하였으니 그들로서는 숨통이 트인 시기였다. 게다가 '당신들이 권력을 잡아서 나라가 망했으니 책임지라'는 주장도 내세워 기세(氣

Ⅲ. 국내 이념갈등의 실체

勢)를 올릴 수 있다. 중국에서도 만주족의 청나라가 근대에 서양세력에 패망한 것을 두고 漢族 네티즌이 '우리가 나라를 다스렸다면 그렇지 않았을 텐데'하며 비난하는 경우가 있는 것과도 유사하다.

한편 1920년 일제의 문화정책 하에서 한글전용 문학을 육성함을 계기로 그들은 일찍이 한반도의 문화를 주도할 기반을 얻게 되는데 이는 다음에 다루기로 한다.

여섯째 기질상 성실근면과는 거리가 있다
- 본래 벌판을 자유로이 다니며 생산보다는 약탈에 비중을 두었던 민족이니만큼 어떤 생산적인 일에 성실하고 근면하게 몰두하기는 어렵다. 이런 이유로 자유시장경제를 혐오하고 사회주의나 공산주의를 내걸어 계획경제 체제하에서 혜택을 보는 것을 선호한다. 가장 우선시하는 목표는 혹자가 말하는 것처럼 사회주의나 공산의라는 국가전체의 경제체제변화보다는 마치 중국 元나라의 몽고족이나 淸나라의 만주족과도 같이 국가의 지원을 받는 상류계층으로 자리 잡는 것이다. 이것이 이루어지면 굳이 무리를 해가며 나라 경제체제를 사회주의나 공산주의로 바꿔야할 필요성은 없다. '철지난 색깔론'으로 '對좌파투쟁'에 임하는 상당수 보수세력이 주의해야 할 점이다.

편의상 좌파라는 용어를 사용해 지칭했지만 본질적 좌파는 아니고 다만 현실좌파의 준말이다. 좌파활동가에게 빨갱이 공산주의자 등의 표현을 하면 화를 낸다. 시대착오적인 색깔론이라는 것이다. 사실 主義主張을 살펴보면 사회약자 권익 옹호를 우선하는 것과는 거리가 있어 색깔론적 평가는 적합지 않다. 그보다는 동양사에서 천년을 넘게 정착농경민과 갈등을 빚어온 유목민문화에서 유래를 찾는 것이 옳다고 할 것이다.

'소수 유목민'의 활동력으로 '다수 농경민' 지배

동양역사상 유목민의 활동특성은 북쪽의 거친 환경에서 다진 전투력을 바탕으로 농경지방의 富를 갈취해가는 것인데 그러한 지향은 북한을 통하여 현대에도 이어지고 있다. 그리고 농경민보다 현저한 수적 열세를 왕성한 활동력으로 극복하여 오히려 다수를 지배하곤 한다.

한국사회에서 어떤 이슈가 등장할 때마다 자주 촛불시위 등을 주도하는 집단은 그러한 특징을 재현하여 보여준다. 때로는 수개월을 연속하여 주말마다 모여 왕성한 활동을 하는 것은 이동성이 강한 유목민기질이 아니면 어려운 일이다. 이러한 과정을 통해 한국사회 내에서 차지하는 절대수효보다 현저히 큰 영향력을 행사하곤 했다.

시위혁명으로 정치권력을 얻을 수 있는 사회라면 이러한 것이 계속 큰 영향력을 발휘하겠으나 현대는 민주선거제도가 정착되어 활동적인 유목민의 후예나 조용한 농경민의 후예나 같은 한 표로 계산된다. 따라서 현대사회에서 유목민후예의 자연스러운 집권은 어려워지고 어떤 혁명적 구호의 만연에

Ⅲ. 국내 이념갈등의 실체

따른 집단 세몰이의 과정을 통해서만 가능하다. 한반도내 각 '민족'의 영적관점에서의 갈등분석은 한반도의 고질적인 집단 불화를 해결하는데 있어서 필수이다.

중국에서도 과거처럼 소수민족이 자기 정체성을 유지하면서 집권한다는 것은 불가능해졌다. 이에 따른 풍선효과적인 영향으로 한국은 끊임없이 비한자문화권 소수민족의 집권시도가 계속된다. 한중일이 한자문화권이라고는 하지만 역사상 비한자문화권 민족이 삼국에 모두 존재했는데 현재 한자문화권 민족의 집권이 일본과 중국에 정착된 상황에서 비한자문화권의 후예는 몽고와 북한이라는 나라보다는 더 제대로 된 나라를 그들의 나라로 삼고 싶어 하는 것이다.

조선시대 이후 한국의 소수자세력은 끈질기게 이 나라를 점유하고자 했는데 그것은 지상의 인간개체로서의 목적달성의 차원을 넘어선 것이었다. 모든 관습과 교육을 바꾸어 그들의 부류에 속하는 성품을 가진 영혼들이 한반도를 점유하게 하는 노력을 해왔다.

국립묘지에서 서명할 때 대통령을 비롯한 국가지도자는 반드시 한글전용가로쓰기로 서명한다. 이러한 한글전용가로쓰기는 적어도 이천년 동안 이 땅에서 쓰이지 않았던 글 모양이다.[35] 조선시대에는 한글이 있었지만 세로쓰기로 썼으니 적어도 일제시대 이전까지는 이 땅에는 없었다. 우리의 역사

---

35) 일본학자 우에다 가즈토시(上田萬年, 1867~1937)의 주장으로서 마치 맑시즘이 본고장 독일이 아닌 소련과 중국에서 구현되었듯이 한국이 한자배제가로쓰기를 信奉하게 되었다.

2. 한국의 소수자 집단과 그 영향력

시대를 살았던 先祖가 본다면 생소하게 받아들여질 서명이다.36) 그러면 왜 국립묘지에서 선조에 바치는 글귀인 방명록은 반드시 선조가 쓰지 않았던 글의 모양으로 해야 하는 것일까 의문이 생긴다.

인간의 윤회는 지역과 민족을 바꾸기도 하지만 익숙한 곳에서의 업을 해소하기 위해 다시 찾아오기도 한다. 세계 각 곳 민족의 전통 중에는 선조에 드리는 제사에서 선조의 영혼이 다시 우리에게로 오게 해달라고 기원하기도 한다.37) 전통에 익숙한 보수적인 영혼이 많이 태어나 저네 공동체를 지속 발전하게하기 위함이다.

선조에게 굳이 그들이 생소할 문구로 인사를 하는 이유는 선조의 영혼들에게 '여기 한반도는 이제 딴 세상이 됐으니 오지 말아주십시오.' 하는 의미가 있다. 한반도의 전통문화에 익숙한 영혼이 한반도에 되도록 덜 태어나도록 하고 한반도 문화에 생소한 비한자문화권의 좌파적인 영혼이 많이 태어나도록 하려는 의도가 있는 것이다.

교육문화환경의 변화도 한반도를 좌파적 영혼이 선호하여 태어날만한 곳으로 만든다. 근래 세대갈등이 깊어지는 것은 단지 좌파적 교육에 따른 후천적 영향뿐만이 아니라 비록 유전자는 이어받았다하더라도 영혼은 우리의 국가의 전통적 가치와는 이질적인 부류가 국내에 많이 태어났음을 추정하게 한다.

---

36) 拙著〈신미대사와 훈민정음창제〉에 자세한 분석이 있다.
37) 원불교의 김영삼 前대통령 弔辭에서도 그리 언급되었다.

Ⅲ. 국내 이념갈등의 실체

전통과의 연계(連繫) 없으면 보수는 세력도 명분도 상실

한국은 신라시대 이후 한반도의 문화중심세력이 보수의 위치를 갖지만 근대화과정을 거치면서 다양하게 분화되어 현재로서는 균질화된 보수집단이 절대다수를 차지한다고는 보기 어렵게 되었다. 특히 이차대전 이후 서양정신의 영향권 아래 현대사가 진행되다 보니 조선시대 문화비판 등 전통가치에 우호적이지 않은 인구의 비중이 커지게 되었다.

전통에 우호적이지 않은 세력은 원론적으로는 진보라 하겠지만 이들이 외교적으로 대륙보다 해양지향적이며 정치경제적으로 자유민주주의와 시장경제를 강조한다면 현재 보수세력으로 분류된다.

이러한 신보수세력[38]이 계속해서 현대의 新生가치만을 고집하며 전통과의 연계(連繫)를 단절하면 보수세력 全般은 이런 부조화한 명분으로는 역시 전통과의 단절을 추구하는 진보세력의 일사불란한 명분에 밀리고 말 것이다. 보수정치세력은 전통가치 중시(重視)의 세력과 융합해야 명분싸움에서 좌파세력을 극복하고 대한민국의 주류의 자리를 얻을 것이다.

'민족정통성' 北에 양보했던 南

---

[38] 속칭 '뉴라이트'가 연상될 수 있으나 의도적인 것은 아니다.

2. 한국의 소수자 집단과 그 영향력

1948년 남북 兩 정부의 수립 당시 북측의 공산혁명정부는 전통가치를 否定하는 바탕 위에서 세워진 '국가'이니 민족의 정통성을 확보하기에 불리할 것임에 反해 大韓民國은 大韓帝國을 이으면서 급격한 사회문화적 변혁이 없었고 건국에 민족운동세력 다수가 참여하였고 민족 대대로 내려온 文化樣式도 거의 그대로 이어 왔으니 훨씬 앞서는 정통성의 명분을 가지고 있었다. 이러한 바탕 위에서 오늘날의 국력우위를 더하면 그다지 모험적인 노력 없이도 통일의 (혹은 국제정세에서 한반도를 대표하는) 주도권을 가질 것이었다. 그러나 역대 남측정부는 북측에 比하여 가진 정통성의 우위를 하나둘 버리고 '민족정통성'을 '양보'해왔다.

단기연호(檀紀年號)를 폐지하고 각종의 문화양식도 근세조선과 대한제국에로부터의 연속성이 사라지도록 인위적인 변화를 주어 국민일반은 근세조선과 대한제국의 자료는커녕 대한민국 건국초기의 자료도 읽지 못하게끔 만들었다. 노무현 대통령 시절 국기에 對한 맹세에서 민족을 빼고 근래에 이르러서는 민족이념 홍익인간(弘益人間)도 정부교육방침에서 폐지하고자 했다. 이제는 남측 대한민국의 우월한 정통성에 의한 자연스러운 통일(민족공동체주도권)이 쉽지 않게 되었다.

(신보수 혹은 왜인세력의 영향을 받은) 속칭 보수세력은 민족이라는 개념을 폄하시켜 친북세력의 전유물로 바꾸어놓았다. 인류의 古典學問으로 理論化된 개념인 民族精神을 헛된 혈연관계에 연연하는 허황된 주장으로 몰아 보수가치에서 제

Ⅲ. 국내 이념갈등의 실체

외시키고 민족개념을 중시하는 것은 북한의 '우리민족끼리'에 동조하는 것으로 보이게 몰았다. 이와 같은 과정은 속칭 보수진보 양측 집권세력에서 共히 시행되었고 어느 한 쪽에서만 행해진 것도 아니었기 때문에 국민의 투표권은 무력화되어 그동안 국민은 민족정신의 퇴조추세에 어떠한 힘을 쓰지도 못했다.

국가는 국민에게 애국을 요구하고 국가의 자존심을 강조하지만 정작 그 애국의 대상의 실체가 없는 즉 민족정신의 개념이 없는 애국은 어느 누구와 어느 계층을 위한 것인지 불확실하다. 과거역사시대에는 설령 국가를 이루는 민족의 실체가 單明하지 않아도 왕조를 향한 충성으로 구심점이 되었지만 현재의 민주국가체제에서는 더욱더 민족정체성의 구심점이 필요하다. 그렇지 않으면 우리 국민은 전통주류기질에 맞지 않는 가치를 외세의 영향에 따라 수용해야 하며 나라는 어느 이방(異邦)의 가치가 지배하고 형해(形骸)의 대한민국만 존속하게 된다.

지도자의 좌우 가르기로 분열시도

左右의 理念이란 것은 정책(政策)이나 가치(價値)를 인간사회의 발전정도(發展程度)를 어림하여 접근하는 방식의 차이일 뿐이다. 그런데 우리 정치의 좌우구분을 표방하는 양극단 소수자세력은 현재의 정치인도 아닌 과거 독립운동가의 행적을 따져 마치 종족이나 인종의 구분처럼 두 진영으로 나누고

2. 한국의 소수자 집단과 그 영향력

있다. 이것은 현실의 좌우 정치진영의 본질이 종족적 구분에 불과하다는 것을 역으로 증명하는 것이기도 하다. 독립운동가를 좌우진영으로 나누는 것은 독립운동 진영의 당연한 지향인 민족의 동일체적 관점에 위배된다. 이 때문에 정권에 따라 예우하는 독립운동가 분포의 좌우진영 편중논란이 있어왔고 특히 인위적으로 균형을 맞추려는 의도에 따라 김원봉 장군 홍범도장군과 같은 독립운동가 들의 예우방법에 논란이 발생하곤 하였다.

당시에는 그다지 분명하지도 않았을 잣대로 이렇듯 독립운동가의 분할운동이 극성을 보이는 것은 독립운동의 중심인 민족진영에서 '소외'된 일파들의 존재감 되찾기에서 비롯된다. 그것은 민족진영외의 세력인 일제 때의 만주중앙아시아 망명세력과 친일파의 양 갈래이다.

흔히 좌우파 정치진영에 따라 숭앙 또는 폄하의 대상이 되고 있는 이승만(李承晩) 김구(金九) 두 지도자는 共히 韓民族 진영의 지도자들이다. 兩位는 전통의 漢文으로의 筆書를 즐겼으며 상해임시정부를 운영했다. 해방 前後부터 격동의 역사를 함께한 소석 이철승(素石 李哲承, 1922~2016)은 "두 분은 함께" 민족지도자였음을 증언했다. 물론 지금도 같은 정당 내에서도 경쟁과 다툼이 있는데 당시 두 사람이 경쟁 혹은 맞서는 관계였을 수도 있다. 현대사를 보는 관점에 따라 미국에서의 간접적(?)인 운동에 불만을 가질 수도 있고 비대칭 위해(危害) 방식에 치중하는 것이 마음에 들지 않을 수도 있다. 하지만 중요한 것은 공통되는 한민족 독립운동

Ⅲ. 국내 이념갈등의 실체

지도자라는 것이다.

2024년에는 독립기념관장의 임명문제로 첨예한 대립이 벌어진바 있었다. 독립기념관은 한시적 독립운동과는 달리 우리민족의 영원한 기념관이 되어야 하는데 명칭을 마치 신생국가처럼 독립기념관이라고 해야 하는가는 건립당시에도 이견이 있었다. 그러나 완강히 주장하는 세력에 의해 독립기념관으로 결정되었다.

'독립'하면 부모로부터의 독립이나 사장으로부터의 독립 등 자기를 있게 해준 상위존재로부터의 보호를 벗어난다는 의미도 있는 만큼 완전한 자주성이 있는 의미가 되지 못한다. 그래서 일제로부터 해방된 날도 독립절이 아닌 광복절인 것이다.

그러나 여진인과 왜인 세력(혹은 만주중앙아시아 망명세력과 친일파)의 입장은 다르다. 그들은 어차피 조선시대에도 저들의 소원만큼 이 땅의 주권을 가지지 못한 바 있으니 일제시대는 상실의 시대가 아니라 새로운 기회의 시대가 되었다. 일본과 인연이 가까운 이른바 왜인세력은 이때를 기화(奇貨)로 운수대통(運數大通)에 이른 것은 말할 것도 없다.

독립운동가들의 기념문에 철저히 적용되고 있는 한글전용 가로쓰기는 당시에는 일본학자의 주장이었을 뿐 당시의 독립운동가는 사용하지 않았던 방식이다. 물론 당시에도 중앙아시아 등의 한인사회에서는 통용된바 있었다. 이들 두 세력은 오늘날 한민족의 언어를 철저히 한글전용가로쓰기化하여 민족정신(民族精神)의 소멸(消滅)에는 합의했지만 다시 한반도

2. 한국의 소수자 집단과 그 영향력

를 대륙에 속하게 하느냐 해양에 속하게 하느냐로 벼랑 끝 싸움을 하고 있다.

만주중앙아시아망명자후예이든 친일파후예이든 저들 진영의 지도자를 내세워 오늘날에 존재감을 부각(浮刻)하려 노력한다면 문제될 것이 없겠지만 저들은 김구 이승만 두 지도자의 하나를 택하고 하나를 폄하하는 캠페인을 전개하여 민족진영을 갈라 저들 진영의 어느 한쪽에 속하도록 유도하는 것이다. 만주중앙아시아 망명세력[39]으로서는 몇몇 야전장군 들의 이름만으로는 정신적 지도자로까지 옹립하기에는 부족함이 있었을 것이고 친일파세력은 말할 나위 없었던 것이라 韓民族 지도자들의 이름을 빌려오는 것이다. 이것은 가까운 현대사에도 이어져서 1987년 민주화선거의 분위기에서 당시 김대중 김영삼 두 지도자의 협력이 유지될 수도 있었음에도 어느 한쪽을 적대시하는 운동이 집요하게 일어나 결국 갈라서게 하여 국민일반의 희망보다는 양 극단 소수자세력의 입장이 유리하게끔 했다. 지금의 소위보수진영 일각은 (민족이 이념보다 우선한다는 발언 등으로) 김영삼을 폄하하여 보수진영을 포괄성 보다는 해양지향선명성만을 강조하고 있다. 김대중정권 이전의 보수정권인 노태우 김영삼 시절은 중국에 우호적이었으니 反中을 중히 여기는 세력으로서는 보수세력의 동지로 인정 못하는 것이다.

---

39) 관점에 따라서는 만주군벌의 세력경쟁 중에 일어난 일본군과의 싸움이 독립운동으로 확대해석되었다고도 할 것이다. 이문열의 〈황제를 위하여〉에는 만주군벌사회가 풍자적으로 묘사되어 있다.

Ⅲ. 국내 이념갈등의 실체

광복절은 일제로 권리를 잃었다 되찾은 정통한민족의 것이지 일제를 계기로 세력을 강화한 여진족과 토착왜구의 것이 아니다. 光復節은 이름 그대로 光復節이어야한다. 즉 國權을 되찾은 날이어야 하지 그 前까지 한반도에서 소수자였던 자들이 세력을 얻어 건국절이니 임시정부에 의한 건국이니 하는 날이 아니다. 독립운동가들은 쓰지도 않았고 당시에는 일본학자의 주장일 뿐이었던 한글전용가로쓰기를 신봉(信奉)하는 여진족과 토착왜구의 싸움으로 2024년에는 광복절 행사가 쪼개지던 일이 있었던 것이다

나라가 1948년에 '새로이 건국'되었던 것처럼 하지 말고 우리는 오천년의 문화국가임을 명시해야 한다. 독립기념관의 명칭이 우리가 마치 새로이 역사를 시작하는 신생독립국인 것처럼 인식된다는 논란이 있었지만 실제로 오천년 문화국가인 우리를 신생국처럼 인식시키거나 경제개발 이전에는 아프리카보다 못살았던 미개국인양 간주하는 견해도 있었다. 이것은 우리 국가의 비전통소수자(非傳統少數者) 세력이 좌우 이데올로기를 명분으로 권력에 기생(寄生)하여 국가전통(國家傳統)을 말소(抹消)하려는 의도(意圖)에 따른 것이다.

민족문화의 지속성(持續性)을 보장하여 국민이 안정되게 후대(後代)를 기르도록 해야 하지만 우리사회의 문화습속(文化習俗)을 매세대(每世代)마다 급속히 바꿔 민족의 연속성을 단절하려는 의도는 반복되고 있다. 1970년대에도 청바지 통기타로 대표되는 젊은이의 반항문화를 강조하였다. 이후에도 X세대 MZ세대등 세대의 변화를 강조하며 지속적으로 세대

2. 한국의 소수자 집단과 그 영향력

간의 단절을 부추기며 기성세대가 젊은 세대를 理解하고 거기에 맞추려 노력해야 한다는 것이 (그렇지 않고 젊은 세대에게 자신들 세대의 가치관을 잇게 하고자 한다면 각종의 경멸적인 용어로 卑下된다.) 우리 사회의 주된 가치관이 되어 왔다. 이와 같은 문화단절과 세대변화의 파고(波高)는 韓民族이 완전히 변화하여 미국의 아류민족(亞流民族)이 될 때까지 거듭할 것이다.

계속되는 민족개조 및 민족정신말살정책으로 국민은 오십년전의 현대사자료도 읽지 못하게 되었다. 이렇게 아무런 精神의 연속성이 없을 후세대를 우리의 국민들이 굳이 키워야 할 필요성이 있는가 의문이 들게 된다. 그 결과 우리의 출산율은 세계최저로 치닫고 있다. 위정자(爲政者)들은 이 문제에 관심을 가지되 해결책으로는 그저 (국민이 개돼지인 마냥) 물질적 풍요가 부족해서 그러한 것으로 보는데 이것은 이전의 인구증가시절 지금보다 풍요롭지 못했던 사실로 보아도 명백히 이유가 되지 못한다. 정신적 한민족이 말살되고 있는데 물질적 한민족의 인구증가 혹은 유지가 가능하리라 볼 것인가. 한민족의 주류를 말살하려는 소수자세력의 의도를 억제하지 않고는 물질적 인구 유지도 불가하다. 그들의 의도 자체가 한민족을 줄이고 외국인을 유입하여 한민족의 이질화에 박차를 가하려는 것이니만큼 인구감소는 필연이다. 우리 정치세력은 한민족정신을 이어가는 환경을 만들 것인지 이 나라를 외국인을 위한 貿易허브(trade hub)로 만들 것인지 국민 앞에 분명히 밝히고 국민의 표로 선택받아야 한다.

Ⅲ. 국내 이념갈등의 실체

前生에 집착하는 집단정신병

사람들끼리 회의나 언쟁을 하다가 상대의 주장이 잘 받아들여지지 않고 때로는 이해도 불가능할 지경에 이르렀을 때 흔히들 狂人혹은 정신병자라고 한다.

병은 신체가 허약해서 생기는 현상이다. 뇌와 신경이 허약하면 현실의 물질세계에서 온전한 기능을 발휘하지 못하기 때문에 현실에 깃든 자신의 魂이외의 다른 차원에서 말미암은 영향력이 종종 신체행위를 간섭할 수가 있다. 그것이 대개는 현실사회의 분위기에 합당한 대응이 아니기에 현실에 적응해 살아가는 타인에게 혼란을 초래하는 것이다.

前生의 慣性에 따른 불합리한 생활태도

정신병자에게 가해지는 다른 차원에서의 영향력은 흔히 외부적 영향력인 잡귀를 운운하기도 하지만 그보다 더욱 지속적이고 뿌리 깊은 것이 자기 자신의 영적업적(靈的業績)에 따라 가해지는 前生의 관성(慣性)이다. (현생에서 과거특정시기의 心理에 머물러 있는 증상의 존재는 널리 인정되고 있다.) 자기의 지위가 前生에서보다 낮은 현실을 감안하지 않고 분수 넘는 과대망상을 한다. 현생에서는 그다지 긴밀한 관계로 생활할 운명이 아닌 타인을 향해 前生과 같이 가까운 사이로 지내고자 집착하기도 한다. 현생에서 그럴 만한 피해를 받지 않았음에도 불구하고 악연이 얽힌 상대에게 무작정 보복하기도 한다.

이러한 생활태도는 현생에서 새로운 환경에 적응하여 살면서 자기영혼의 결점을 보완하고자 하는 인간탄생의 목적에 부합하지 않기에 치유의 대상인 것이다.

혁명 成敗의 짜릿함 반복하고픈 잠재의식

한편 이러한 현상이 집단적으로 나타날 때는 개인이 아닌 국가사회 전체가 병들고 치유대상이 된다.

인류역사에는 동서양을 막론하고 통치자의 억압과 민중의 저항이 있었고 폭력적인 결말을 반복했다. 프랑스대혁명에서 민중은 그동안 받은 핍박의 한풀이를 단숨에 하고자 그들을 착취한 계급의 대표자를 광장에서 잔인하게 살해했다. 이렇듯 국내외의 역사에서 계층갈등의 폭력적 결말의 사례는 비일비재하다. 이러한 혁명이 성공한 전생경험이 있다면 그 짜릿함을 반복하고 싶어서 실패한 경험이 있다면 이번에는 성공의 쾌감을 얻고자 과거 저항방식의 재현에 집착한다.

민중의 권익증대는 特定政權의 집권이 아닌 제도개혁으로

민중이 더 이상 개돼지라 불리는[40] 우중(愚衆)이 되지 않

---
40) 민중은 여전히 개돼지로 남을 것인가 2016.07.11. (블로그)
- 개인을 향한 분풀이로 근본적 문제를 간과하는 愚를 犯하지 말아야

Ⅲ. 국내 이념갈등의 실체

기 위해서는 민중의 복지향상은 합리적인 사회제도에 의한 것이지 특정인에 대한 공격이나 특정인의 집권으로 될 일이 아님을 알아야 한다.

대한민국은 건국당시에는 신분의 차별이 없이 능력만으로 앞길을 열 수 있는 민주사회였으나 이후 각종 제도의 변경으로 신분의 이동이 어렵게 되었다. 이로 인해 금수저 흙수저 논란과 '희망이 없는 헬조선' 등의 유행어가 생겨난 바 있었다41).

교육부고위공무원의 민중개돼지 발언에 파문이 많다. 일각에서는 당사자를 파면하고 엄벌하라는 목소리를 높이고 있기도 한다.
그러나 취중진담이란 속설이 있듯이 이 사건은 평소 교육부의 정책을 잘 이해하는 고위공무원이 취중에 교육부정책의 기밀을 누설한 것에 불과하다고 볼 수 있다.
극단적인 사건은 보편적 정서의 팽창후에 일어난다. 노동운동탄압에 노동자가 분신자살 했다면 그것은 그 노동자의 우울증에 의한 것이 아니라 많은 노동자들의 정서가 반영되어 폭발한 것이다.
교육부고위공무원의 발언은 교육부공무원 전반에 퍼져 있는 사고방식의 표출인 것이다. 이에 대한 대응은 교육부의 정책이 얼마나 신분세습에 유리하게 되어있나 파악하고 분석하고 대처하는 것이지 개인을 향한 증오에 찬 공격으로 해결될 일이 아니다.

41) 산업화, 민주화 세대 공로 없다
[2015-04-29]
대한민국의 현대사에서는 산업화세대의 공로가 있고 뒤이어 민주화세대의 공로가 있기에 오늘날 이렇게 준(準) 민주선진국가로 발전해 왔다고들 한다. 근대역사에서 선진국이 수백 년 간에 거쳐 왔던 역사발전 단계를 대한민국은 건국 후 단기간에 성취해온 것을 두고, 오늘날 국가내의 갈등이 심하고 사회 안정성이 부족한 것의 이유를 삼기도 한다.
그러나 단순히 그 기간이 불가항력적으로 짧았다는 것으로 구실을 대기는 어려운 면이 있다. 우리의 현대사에서는 불필요한 번복(飜復)과 퇴보가 있었으며 국가 이념실현의 단계에서 순서가 올바로 되지 않은 것이 있었다.

2. 한국의 소수자 집단과 그 영향력

대한민국 민주화, 건국과 함께 이미 실현돼

대한민국의 민주화는 산업화 이전에 이미 실현되었다. 1948년 정부수립과 함께 대한민국은 민주공화국임을 선언하였다. 국민이 주인이 되며 모든 국민이 신분의 차별이 없이 균등한 기회를 가지며 꿈을 펼칠 수 있는 나라로서 그에 맞는 제도를 시행하였다. 출신성분과 무관하게 누구나 학업성적만 우수하면 공립의 영재학교에서 양성하는 제도가 있음으로 해서 국민 모두는 노력과 능력에 따른 신분상승의 길이 열렸다. 조선시대에는 양반이 쓰는 한문과 상민이 쓰는 언문으로 인한 신분계층간의 벽이 있었지만 국민모두가 국한문을 혼용하여 신분에 따른 언어의 장벽도 없어졌다. 이에 따라 대한민국 건국초기를 전후하여 출신과 관계없이 국가를 지도하는 엘리트가 양성되었다.

산업화시대, 이미 조성된 사회체제 '안정'에 치중

대한민국의 민주화가 번복되었던 산업화시대에 들어와서는 국민의 선거권이 제한되는 것과 함께 계속적인 엘리트양성보다는 기존체제의 안정(?)을 더 중시하였다. 이는 계층이동을 경색케 하여 건국 후 새로 형성된 상류층의 신분상속을 돕기 위한 것이 되었다.

중고교 평준화는 학생들이 자기의 능력으로 '좋은' 학교를 골라가는 것이 아니라 사는 지역에 따라 '좋은' 학교를 갈 권리를 얻게 하여 부모의 경제력에 의해 '좋은' 교육을 받는 결과를 만들었다. 한글전용은 미국을 통하지 않고는 학문을 할 수 없는 상황을 만들어 자유로이 미국을 오갈 수 있는 부유층 혹은 그들에게 충실한 자만이 학계의 주류가 될 수 있도록 했다.

발전을 위하여서는 민주제도의 유보가 필요했다는 것이 산업화세대의 변명이지만 당시 국제적 경제상황에서 일본, 대만, 홍콩, 싱가포르와 같은 아시아 한자문화권 비공산권 진영 중에 한국의 경제발전은 그다지 두드러지지 않았음(최하위)을 볼 때 설득력이 떨어진다. 그들 모두 패전과 식민지의 시련을 딛고 일어났는데 우리만이 시련을 당했던 것도 아니다.

예로부터 나라가 바뀌면 새로이 등장한 집권층은 저네들이 힘들게 얻은 권리를 저네들의 후예가 나라와 함께 대대로 이어가기를 바란다. 왕조가 대표적이고 개국공신 문벌귀족들도 마찬가지이다. 고려시대에도 그러했고 조선시대에도 그러했다. 민주공화국을 표방한 대한민국에서도 '개국공신'들은 그들의 지위를 자손이 이어나가기를 바랐던 것이다. 그 결과 현재 당연하게

III. 국내 이념갈등의 실체

여기고 있는 재벌가의 세습 등으로 대한민국의 '귀족'가문이 형성되었다.

민주화시대, 선거권 회복 이외 한 일 없어

 민주회복을 했다는 민주화세대는 단지 국민이 선거권을 행사해 투표에 참여할 수 있는 것을 민주화의 전부로 보았을 뿐이고 산업화시대 이전의 엘리트양성제도 등을 복원하지 않았다. 그 결과 민주화란 것은 다만 기존의 권력층에 맞서는 다른 권력층의 양성에 그치고 국민일반의 기회와 권익향상은 회복하지 못한 것이었다.
 선거권회복만으로는 국민일반이 자신들의 권익을 얻고 방어할 충분한 장치가 될 수 없음은 현재 이미 일상화되고 있는 정치권을 향한 원망(怨望)에서 증명되는 것이다.
 대한민국이 진정한 자유민주국가가 되려면 이제라도 이러한 국가중추문벌 형성의 의도를 잘라내야 한다. 재벌을 비롯하여 정치와 교육 등 각 분야에서의 특권세습은 민주공화국이라는 체제에 위배되는 것이다. 출신성분과 무관하게 모두가 기회와 권리를 균등하게 갖는 제도를 복원해야 한다. 이를 위해 교육의 질 향상이 시급하지만 이는 더 나아갈 발전목표인 복지국가를 위해서도 중요하다.

복지국가, 국민의 기본소양 향상이 우선되어야

 복지의 분배는 산업화를 통해 모두가 가질 파이가 커져야 가능하다고 한다. 맞는 말이지만 이것이 전부는 아니다. 선진국이란 단지 물질적인 선진국만을 말하는 것이 아니다. 인간의 욕구는 한계가 없다. 그것이 재물에 머무른다면 아무리 파이가 커져도 서로들 더 가지려 하고 편법으로 불로소득을 취하려는 부작용 때문에 복지사회는 어렵다. 파이가 어느 정도 커졌어도, 즉 국가전체는 비교적 부유해도, 국민 다수는 생활이 궁핍한 상황이 일어나는 것은 이 때문이다.
 복지의 분배에 앞서 시행되어야 할 것은 국민에 대한 정신교육이다. 인생에서 물질 이상의 추구해야 할 가치가 있다는 것을 국민에게 가르쳐야 하지만 이제까지 복지사회를 지향한다는 진보세력측이 오히려 국민의 정신교육을 등한시한 면이 있다. 정도전(鄭道傳)이 조선의 건국모델로 꿈꾸었던 군자국(君子國) 즉 국민모두가 이(利)에 집착하지 않고 의(義)를 추구하며 성장하는 나라가 되려면 물질(利)의 분배만으로는 가능하지 않고 국민의 교양이 우선해야 하는 것이다.

집단정신병에 함몰된 민중은 할 수만 있다면 광장에 그들에게 '피해'를 주었던 '착취계층'의 대표자를 끌어내어 처형하고 싶어 할 것이다. 자기와 진영을 달리 하는 집단의 지도자는 그들의 눈으로는 모두가 민중을 착취하는 폭군으로서 증오의 대상이 된다. 개인을 처단한다고 해결될 일이 아님을 현실의 理性으로는 알고 있으면서도 전생의 기억을 반복하고 싶은 정신병적 욕망으로 그들은 겉잡을 수없이 치닫는 것이다. 이들의 치유는 국가의 안정을 위해서 뿐만 아니라 이들 많은 영혼이 제 갈 길을 찾아 현생에 태어난 각자의 삶의 목적을 얻기 위해서도 필요하다. 그래야 세상이 존재하는 의미를 살리고 神의 뜻에 부합하는 나라를 만들 수 있는 것이다.

3. 世界史에서의 大韓民國의 使命

우리 민족의 국가는 수천년 중국왕조의 곁에 있으면서 나름의 정체성을 유지해왔다. 조상폄하자[42]들은 우리가 중국에 사대하며 속국으로 지내왔다고들 하지만 대국과 소국이 형식상 평등하게 외교하는 것은 유엔이 있은 현대에 들어와서의 일이지 과거에 대국과 소국의 외교상의 차별은 당연히 있었던 것이다.

특히 현대에 중국이 공산화로 인해 국가의 상징인 국기를 국제 공산당 규격을 따라 정하는 등 국가정신이 전통가치를

---

[42] 진보의 조상폄하(祖上貶下)는 그 자체가 당연한 것이지만 보수를 자처하는 자들이 조상을 폄하하는 것은 모순이다.

Ⅲ. 국내 이념갈등의 실체

벗어난 형편이 되었지만 대한민국은 동양문화의 정수(精髓)인 태극(太極)을 국가의 상징으로 삼아 지키면서 적통(嫡統)의 동양문화를 세계 속에 자리 잡게 하고 있다.

한국 중국 일본의 모든 地名 중에 한 개만의 글자로 된 것은 없다. 춘추전국시대 이후에는 오직 天子의 나라만이 외字 국명을 쓸 수 있었다. 청(淸)의 쇠약이후 설립된 大韓帝國은 외字 이름의 國名으로서 正統의 天子의 나라임을 선언한 것이다. 이를 계승한 大韓民國은 하늘로부터 통치권이 내려온 정통국가의 맥(脈)을 잇는다.

大韓民國의 국제사회에서의 역할은 세계열강과 패권경쟁을 벌이는 국가도 아닐 것이며 세계사의 주류에 맞서는 세력도 아닐 것이다. 세계의 강대국과 약소국 그리고 선진국과 후진국 사이에서 적합한 역할을 인식해야 한다.

한반도는 세계사에서의 이념실험을 가장 철저하게 겪어야 할 소명을 안은 지역이다. 미래 인류의 향방에는 마지막 남은 냉전지역인 한국이 나아가는 방향이 중요 지표가 될 것이다. 대한민국의 이념좌표설정은 주변주요국에 영향을 주어 결국 인류전체의 향방을 정할 것이다. 이것은 현대사에 있었던 한반도의 전쟁경험으로 비롯된다.

6·25는 한반도의 전통중심민족이 주축이 된 대한민국세력이 오랑캐 등 근세조선 초기에 합병된 부족들의 북조선세력과 치른 전쟁이기도 하지만 명분상의 의미는 자유주의와 공산주의 간의 체제이념전쟁이었는데 이후 오랑캐 등의 용어가 사용되지 않으면서 동족상잔의 의미만이 강화되어왔다.[43]

3. 世界史에서의 大韓民國의 使命

- 625參戰尉副士官聯盟에서 발행한 625資料書에서의 1950년 10월 1일 북진(北進) 자료사진 -

프랑스대혁명 등을 통해 유럽은 봉건사회를 무너뜨리고 자

Ⅲ. 국내 이념갈등의 실체

유와 평등의 가치를 확립하여 19세기 번영의 기틀을 마련했다. 미국은 남북전쟁을 통해 자유민주의 가치를 세워 오늘날 강대국이 될 기틀을 마련했다. 6·25는 인류의 지향가치의 방향을 정하기 위하여 우리 민족이 떠맡아 겪은 전쟁이다.

　인간은 끊임없이 변화해가며 향상을 추구해야만 한다. 그렇게 해야 현상유지라도 할 수 있는 것이 인간의 운명이다. 그 향상을 위해 가장 좋은 방법은 인간 모두가 道를 구하는 것이다. 道를 구한다 함은 스스로 자신의 절대적인 성장을 위해 나아간다는 것이다. 그러나 인류 전반에 그러한 노력이 부족하면 인간의 절대적 성장은 벽에 부딪치게 된다. 이럴 때 인류는 부득이 전쟁이라는 상대적인 성장법을 택하여 새로이 나아갈 바를 찾곤 했다. 인류가 다함께 나아가야 할 올바른 길을 스스로 찾지 못할 때 서로 다른 방향을 가진 집단끼리는 전쟁을 하여 이긴 집단이 추구하는 방향으로 앞으로의 인류가 나아가도록 결론을 짓는다. 전쟁은 인간이 절대적 성장을 못할 때 상대적 성장의 돌파구를 여는 것이다.

---

43) 625의 노래 가사 (박두진 작사) 일부
2절: 아아 잊으랴 어찌 우리 이날을 불의의 역도들을 멧도적오랑캐를 하늘의 힘을 빌어 모조리 쳐부수어 흘려온 값진 피의 원한을 풀으리
대한의 아들 (김영일 작사) 일부
1절: 나가자 씩씩하게 대한 소년아 태극기 높이 들고 앞장을 서서
우리는 싸우는 대한의 아들딸 무찌르고 말 테야 중공 오랑캐
승리의 노래 (이선근 작사) 일부
1절 무찌르자 오랑캐 몇백만이냐 대한남아 가는데 초개로구나…
나아가자 나아가 승리의 길로
* 625직후 가요에는 오랑캐에 대한 투쟁이 강조되고 있다.

3. 世界史에서의 大韓民國의 使命

　대한민국이 맡은 전쟁과 이념대립의 부담은 우리 스스로의 역사의 연장선상에서도 보아야 한다. 북방에서 남방(중원)의 풍요한 물자를 '함께 나누고자' 침입하곤 했던 것은 한반도와 대륙의 오랜 역사이다. 평화를 위한 타협 후에는 물자를 얻을 입장의 북방 세력이 우월한 지위를 가졌다. 북한 및 종북 세력은 한반도에서 이와 같은 시대착오적 기대를 하고 있다. 그들의 입장을 이해하되 그들의 활동 제한의 당위성으로 공존의 길을 찾아야 할 것이다.

　조갑제(趙甲濟) 前 月刊朝鮮 社長은 남북의 대결상황에 관하여 "세계적으로 남쪽과 북쪽이 싸운 경우가 많습니다. 그런데 대체적으로 북쪽이 이겼습니다. 미국 남북 전쟁에서 북군이 이겼고 베트남 전쟁에서는 월맹이 이겼죠. 독일에서도 북쪽에 있던 프로이센이 통일을 했고 이탈리아도 북쪽에 있던 사르디니아가 통일을 했습니다. 예멘도 남북 예멘이 붙었을 때 북 예멘이 통일을 했습니다. 중국 역사에서도 대부분 북쪽에서 내려온 국가가 통일했습니다. 그게 참 미스터리입니다. 남북이 싸우면 왜 북쪽이 승리하느냐. 유일한 예외가 신라입니다. 남쪽에서 일어난 나라가 통일한 건 유일한 경우입니다. 그러니까 우리나라 역사는 남한이 중심이죠. 그러니까 대한민국 주도로 통일이 될 거 같습니다."라고 했다.[44]

　한반도에서 남북간 대립의 의미는 한낱 강대국의 利權다툼에 따른 것이 아니다. 한반도의 대립상황에서 大韓民國의 승

---

44) 삼국통일과 관련된 유적들을 2005년 11월11일부터 13일까지 여행하면서 조갑제 기자가 강연한 내용

Ⅲ. 국내 이념갈등의 실체

리는 수천년간 인류역사에서 이어온 文化세력과 好戰세력의 갈등에서 문화세력이 마침내 호전세력을 극복하고 인류공영의 길을 열게 되는 세계사적 의미를 지닌다.

4. 이념전쟁은 영적전쟁

보수적 가치에서 매우 중요한 사항인 전통계승 즉 조상의 유산(遺産)을 승계하고 유지(遺志)를 따르는 행위에 관해 근본적인 목적을 살펴본다.

類似한 영혼들이 함께 지구상에서 과업을 성취하기로 계획

가문의 代를 이은 과업(課業)이란 우주적 관점에서 시간축을 초월하여 본다면 유사한 성향의 영혼들이 모인 같은 영혼부류집단45)의 구성원들이 의기투합(意氣投合)하여 교대로 이 세상에 태어나와 지상에서 공동의 의지(意志)를 성취하고자 하는 것이다. 동일 영륜(靈侖) 구성원은 지상에서 혈연적으로 함께 탄생할 수도 있지만 가신(家臣)의 경우와 같이 혈연은

---

45) '人倫'에서 倫은 인륜 倫字로서 人의 의미는 중복되어 있다. 倫은 人의 侖 즉 둥근뭉치(circle)이다. 侖은 인간의 의미가 포함되지 않은 순전한 의미이므로 저자는 인간으로 생성되기 이전의 靈의 집단을 靈侖이라 칭한바 있다. 소설 〈신미대사와 훈민정음 창제〉, 번역서 〈정신현상학〉에서 창작적 혹은 본질추구적인 의미로 사용한 바 있다.

4. 이념전쟁은 영적전쟁

다르지만 밀접한 관계 하의 중요한 역할로 태어나기도 한다.

代를 이어가는 과업에는 여러 가지가 있지만 대표적인 것이 왕조에 의한 국가경영이다. 함께 어떤 국가지도이념을 지구상에서 실천하기로 한 영륜의 핵심구성원의 수효만큼 왕조는 이어진다. 핵심구성원으로서 왕이 될 영혼들이 모두 지상을 다녀왔고 간혹 중복해서 다시 태어난다 해도 그들이 지구상에서 해당 과업을 위하여 태어날 필요성이 한계에 다다르면 왕조는 끝난다.

왕조가 드물어진 오늘날은 뜻을 같이하는 영륜이 과거처럼 혈연을 통해 동무(同務)46)로 태어나는 것보다는 주로 지상에서의 판단의 과정을 거쳐 함께하는 방식을 취함으로써 同務가 되는데 이것은 하늘의 뜻이 땅에서 이루어지는 의미가 더해졌다고 할 수 있다.

좌파가 구시대를 탈피하고 새로운 시대를 열자고 하는 것은 사회를 주도하는 영륜을 교체하여 저들 부류의 영혼이 더 세상에 많이 태어나고 큰 영향력을 가지고 번성할 수 있도록 세상을 바꾸고자 하는 것이다. 좌파혁명이 성공하여 혁명세대 도중에 지도이념이 바뀌고 나면 이후 태어나는 사람들 중에서는 새로운 영륜의 사람이 지도층에 오를 수 있고 과거 지도층의 영륜은 더 이상 다시 태어나지 않거나 태어나더라도 영향력 있는 자리를 얻기 어렵게 된다.

---

46) 같은 일을 하는 사람, comrade, 동지(同志)

Ⅲ. 국내 이념갈등의 실체

지상에서 중단되어도 한 세대가 지나면 다시 일어나는 것이 우주의 과업

음향(音響)의 우주적 본성인 주파수스펙트럼은 지상의 시간축에 실려 음향으로 구현된다. 이와 마찬가지로 代를 이어가는 과업이란 것은 우주의 특정가치(스펙트럼)를 시대의 흐름에 얹어 지상에서 연속적으로 구현하는 것이다.

지상에서 중단을 거듭하면서도 이어지는 과업도 있다. 반대세력으로부터의 지상에서의 탄압이 거듭되어도 영계에서는 그 계획이 소멸하지 않기 때문이다.

작가 조정래의 〈太白山脈〉의 종결부에는 이 나라를 위해 일해야 할 '생각 똑 부러진 사람들'이 동학혁명 때 일어났으나 절멸되고 한 세대가 지나고서 삼일운동으로 일어났으나 역시 탄압받아 절멸되고 다시 한세대가 지난 해방 후와 전쟁의 격동기에 일어났으나 또 절멸되고 말아 나라가 제대로 서지 않는다는 말이 나온다.

조선조의 양반지배사회의 모순을 겪고 그 타파를 위해 동학혁명으로 봉기했던 영혼들이 당대에는 뜻을 이루지 못하였다. 동학혁명 때 피살된 이들이 환생하여 성년이 된 시기가 되어 다시 삼일운동을 일으켰다(독립운동의 주체를 그들 세력으로 보는 관점). 그러나 이 역시 탄압받아 이루지 못하였는데 삼일운동 때 피살된 이들이 환생하여 성년이 된 해방 후와 전쟁의 시기에 다시 민족운동을 일으킨다. 이 역시 당시까지도 생생한 '친일세력'의 탄압을 받아 실패하였다. 그런

4. 이념전쟁은 영적전쟁

데 소설에는 나오지 않지만 그 이후 다시 환생한 이들이 성년이 된 1980년대 이후에는 그들이 탄압을 받았어도 절멸하지는 않았기에 그들의 뜻대로 대한민국 사회의 변화가 행해지고 있다. 이들의 과업은 앞서도 서술했듯이 근세조선 건국에 큰 역할을 했지만 귀족의 대우를 받지 못하고 양반사대부의 가치관이 지배하는 국가에서 오백년을 지내오면서 저네들 성향의 영적자질계발의 기회를 충분히 갖지 못한 북방 非漢字文化人 종족의 영륜이 이제 새로이 저들의 성향이 主가 되는 나라 즉 後朝鮮을 건국하자는 것이다.

과거에는 정치적인 반대자를 살해하는 것이 성행하였지만 오늘날 반대자를 쉽사리 살해하지 못하는 것이 세계적인 관행으로 바뀐 것은 반대자를 殺害해본들 일시적인 미봉책에 그칠 뿐 결국 한세대가 지나가면 다시 같은 일이 발생한다는 것을 인류가 깨달았기 때문이다. 정치범의 사형금지는 그 나라의 장기적인 안녕(安寧)을 위해서 타당하다.[47]

정말로 상대방을 지구상에서 몰아내거나 세력을 약화시키는 戰法은 상대방 영륜이 지구상에서 本性의 자질을 계발하며 영향력 있는 계층을 점하며 번성하지 못하도록 그들에게 불리한 환경을 지구상에 펼쳐놓는 것이다. 한국좌파는 일찍이 이 사실을 간파하여 수십 년 넘게 이 땅의 문화를 잠식해왔으며 지금에 이르러 효과를 보고 있다.

---

[47] 당초 정치범의 사형금지가 목적이었던 운동이 '포괄적'인 사형금지로 변질된 후 基層국민의식수준을 감안하지않은 실질적 사형제폐지는 빈번한 살인사건으로 나타나고 있다.

Ⅲ. 국내 이념갈등의 실체

이념전쟁은 기존의 보수세력 즉 상대방 민족보다 인류공통의 문화(漢字문화권은 라틴어문화권과 함께 인류최고의 知性을 함유하는 문화권이다)를 계승해오고 전통문화상에서 우월한 위치를 선점했던 영륜의 민족이라면 전통문화의 현상유지로도 저절로 안정된 우위를 점할 수 있는 쉬운 싸움이다. 그러나 대한민국의 경우 이를 파괴하고 세력을 교체하려는 세력은 이념전쟁의 본질을 알고 있었던데 反하여 기존의 보수세력은 본질을 몰랐든지 아니면 힘이 없어서 밀렸든지 계속 밀려왔던 것이다. 그리하여 수십년을 지나며 좌파세력에 맞춰진 문화로 인하여 좌파의 성향을 가진 자들이 더 활기 있게 영향력 있는 지위에 오르고 지상에서의 세력이 확산되어 '좌파세상'으로 나아가게 되는 것이다.

인류분쟁은 각 靈侖의 지구상 영토점유 경쟁

지구상의 모든 분쟁은 우주에 존재하는 여러 영륜이 경쟁적으로 지구의 지역을 점유하여 영토를 넓히어 저네들 영륜이 더 지구상에 태어나고 또한 기왕 태어난다 하더라도 좋은 환경과 영향력 있는 지위를 더욱 차지하여 저네들의 탄생의 목적을 효과적으로 살리고자 하려는 것이다. 상대적인 경쟁으로만 보면 어느 쪽이 옳다고 할 수 없지만 인류 전반의 영적성장을 위하여 나아가는 것이 正義이다.

선(善)dmf 정의(定議)하자면 사람들은 이타적(利他的) 행위를 들 것이다. 그러나 개미도 이타심에서는 인간을 능가하기

4. 이념전쟁은 영적전쟁

도 한다. (물론 그렇기에 의로운 벌레라하여 의(蟻)라 칭하기는 한다.) 이타의 행위는 비록 업보를 개선하는 효과는 있으나 그것으로 선의 완성이라 하기는 허탄(虛誕)하다. 우나무노(스페인, 1864~1936)는 〈生의 悲劇的 感覺〉에서 "善함이란 의식의 보전과 의식의 영속과 의식의 풍요성에 조금이라도 더 공헌하는데 있다."고 했다.[48] 政敵 間의 政爭이나 국가 간의 패권경쟁 등을 두고서 어느 쪽이 옳다고는 볼 수 없는 생존경쟁으로 보기 쉬우나 어느 쪽의 정책이나 제도가 더 인간의 영적 풍요에 기여하는가에 따라 선악대결이 될 수도 있는 것이다.[49]

지구상에는 몇 개의 광역문화권이 있다. 각 광역문화권은 해당 권내(圈內)에서 인류가 가질 수 있는 최고의 지적성취에의 도달이 가능한가로써 정립(定立)된다. 각 광역문화권은 권내에 여러 국가를 거느리고 있다. 이 중에는 중심적 위상을 갖는 大國이 있는 반면 비교적 작은 주변 나라들도 있다.

그런데 이들 '주변 나라'가 국가로서의 독립성과 존재감을 강화하기 위하여 동일 문화권의 大國의 영향권에서 벗어나 먼 곳의 타 문화권으로 편입하려는 경우를 가정해 볼 수가 있다. 이런 경우 국내에서도 문화권을 벗어나려는 세력과 잔

---

48) 世界의 大思想, 徽文出版社, 1984, 23券, 張鮮影 譯 참고
49) 기독교에서 착한 것만으로는 천국에 가지 못한다고 함은 구원이 이타적 행위가 아닌 진리에 있음을 알림이라 할 것이다. 요한福音 14:6, 예수께서 가라사대 내가 곧 길이요 眞理요 生命이니 나로 말미암지 않고는 아버지께로 올 者가 없느니라

Ⅲ. 국내 이념갈등의 실체

류하려는 세력 간의 정쟁(政爭)이 있을 것이다. 脫문화권의 주장자들은 국가의 자주독립을 강조하며 '인근국가에 事大하는' 상대방을 비판할 것이다.

그러나 여기서 선악의 구분이 가능하다. 탈문화권은 곧 자기네 언어를 문화권중심으로부터 벗어나게 한다는 것이고 자국내에서는 기왕의 문화권 고유의 상위문화를 접하지 못하는 결과가 된다. 그 결과 외부의 문화권과 교류가 가능한 특권층만 인류의 상위문명을 접하고 국내의 중하류 계층은 내의 하급문화에 머물게 된다. 이것은 국민의 지적수준을 퇴보시켜 결국 영적 타락을 가져오는 것이니 악의 실현이 된다.

우크라이나의 러시아와의 전쟁은 우크라이나가 러시아의 영향권을 벗어나 서방세계에 편입하고자 하는 것이었다. 그 결과 자국의 러시아와 공통된 고수준 언어를 러시아어로 치부하여 사용금지하고 러시아와 공통된 각종 예술업적도 금기대상이 되었다. 이것은 미국 등에 유학이 가능한 계층을 제외하고는 고급학문을 배울 기회가 없게 되는 결과를 낸다.

이념전쟁은 영적 전쟁이다. 한반도 지상에서의 싸움은 남북간 전쟁과 공비토벌 등으로 이미 할 만큼 했다. 특정 소수자집단의 상대적 존재감 강화를 위하여 우리 민족 전체가 배울 것을 배우지 못하고 향유할 문화를 향유하지 못하는 비정상적상황은 종식되어야 한다.

더 이상 부족한 영적 능력자들이 이 땅을 지배하는 일이 없도록 영적 성숙도를 가진 자들이 이 나라에서 많이 나서서 哲人정치가 펼쳐지도록 하고 神의 뜻에 맞는 나라를 건설해

4. 이념전쟁은 영적전쟁

야 한다.

Ⅳ. 이념과 사회가치관

1. 이념과 문학

  문학은 세상 현실 그 이상의 존재를 다루는 것이므로 역시 종교와 같이 영적 영역에 속한다. 소설 등 문학의 위상이 낮아져서 소설이라면 단순히 거짓말의 대명사처럼 사용되기도 하는데 소설가가 이야기를 창작하는 것은 거짓말을 하는 것이 아니다. 모든 사람의 삶은 다 우주에서 기획된 바가 있어서 지구상에 구현되는 것이다. 우주에서 기획된 많은 이야기 중에 지구의 많은 사람들의 인생설계의 모범을 보이는 이야기 혹은 주제의 원형을 강조하다보니 지구상의 여러 환경여건에 완전히 들어맞지는 않아 구현이 유보된 이야기 등을 지구상에 전달하는 것이 소설가의 일이다. 모든 픽션의 발표는 우주의 영적 진리를 지상에 전달하고자 하는 노력이라고 할 수 있다.

문학은 우주의 진리 전달의 도구

  문학은 지상의 존재가치 그 이상을 추구하므로 그 자체가 진보적이기도 하지만 다시 세상을 보는 관점으로 보수성과 진보성을 가질 수 있다.

1. 이념과 문학

프랑스에서 역사적인 대중문학 작가 알렉산더 듀마가 영웅 국립묘지로 이장(移葬)된 일이 있다. 이 조치는 대중문학에 대한 인식 변화 등 프랑스의 새로운 사회 흐름을 반영한다고 평가되었다. 이제까지 듀마의 소설과 희곡들은 프랑스 안팎에서 베스트셀러였지만 학계는 "지나치게 대중적이고 깊이가 없다"며 무시했었다. 그러나 개혁적인 문학단체 등이 "듀마만큼 당시 시대 상황과 문화를 잘 묘사한 작가는 없다"고 반발하면서 논쟁이 계속되고 마침내 당시 시라크 대통령이 이것을 받아들여 이장 포고령이 내려짐으로써 논란의 종지부를 찍었다고 한다.

이 사례만을 보면 마치 대중문학은 진보적인 성격을 갖고 학계가 지지하는 순수문학은 보수적인 성격을 갖는 것인 양 여겨지기 쉽다.

그러나 실제로 보면 대중문학이야말로 보수적인 내용을 담고 있다. 대중문학의 주인공들은 보통사람이 모범으로 삼을 죠人의 성격을 띠고 있으며 줄거리와 주제도 악을 퇴치하여 세상을 건전하게 유지하자는 범주에 머물고 있다. 독자로 하여금 이야기에 흥미를 갖게 하여 이야기를 통해 세상의 섭리를 자연스럽게 배우게 하려는 목적이다.

그러나 인간의 탐구를 목표로 하는 순수문학의 경우 그 주제는 단순하지 않다.

현대 순수문학 작품의 대명사라고 할 만한 A.까뮈의 〈이방인〉을 보면, '어머니의 장례식 날 섹스를 하고 바닷가에서 이유 없이 사람을 쏘아 죽인', 不條理의 전형을 보여주는 주인

Ⅳ. 이념과 사회가치관

공 뫼르소를 통해, 인간은 누구나 때로는 자신의 理性을 벗어나서 理解될 수 없는 부조리한 행위를 할 숙명을 타고났음을 보여주고 있다. 작품의 시선은 한 '파렴치한 악인'인 뫼르소의 쪽에 있고 그를 단죄하는 재판관은 인간의 본질에 무지한 군상에 속할 뿐이다.

순수문학의 경우 또한 전쟁 등을 다루었다 하더라도 영웅적 업적의 칭송에 그치지는 않고 그에 따르는 인간적 고뇌와 세상가치의 모순과 허위 등을 파헤친다. 이로 인해 독자는 세상의 이면(裏面)을 보는 눈을 기르게 된다. 그 목적은 독자로 하여금 인간과 세상의 원리에 대한 통찰력을 기르기 위한 인간세상 이면에 관한 탐구와 해석이다. 이를 위해서는 상황묘사 또한 단순하지는 않아야 하며 섬세한 분위기 설정과 전달을 위한 고수준언어의 동원은 필수적이다. 독자는 줄거리를 따라가며 인간의 본질을 탐구하는 과정에서, 상황을 세밀히 묘사하는 고급언어를 통해 정서(情緖)와 사고(思考)를 고양(高揚)함으로써 순수문학이 추구하는 목표를 얻을 수 있다.

국내의 경우, 소설은 한글전용을 한다는 기본원칙하에 순수문학의 경우도 한글로 '쉽게' 쓰여져 널리 보급되고 있다. 이것을 두고 우리나라가 순수문학('본격문학')의 대중전파도가 세계에서 이례적으로 높다 하여 긍정적인 평가를 하는 측도 있다.

까뮈의 〈이방인〉이후 허무주의를 강조한 아류작들은 국내외를 막론하고 무수하다. '어머니의 장례식 날 섹스를 하고 이유 없이 사람을 죽이는' 자에 대한 동정심을 유발하는 글

1. 이념과 문학

을 '쉽게' 써서 내면적 통찰능력이 부족한 대중에게 널리 보급하여 이 사회에 미치고 싶은 영향은 무엇일까. 자신의 공동체를 지키기 위해 희생된 영웅의 이야기를 허무주의적이고 회의적으로 바라보며 절대선(絶代善)은 없다는 투로 고뇌하는 인간의 이야기를 '쉽게' 써서 대중에게 널리 전파하면 어떤 효과가 있을까.

이런 공동체붕괴지향의 문학이 순수예술로서 지원되는 것이다. 주류문단이 인정하는 순수문학의 범주에 들면 문학에 대한 정책적 지원이 부족하지 않은 우리이지만 그 성과는 국민의 문해력과 독서율을 볼 때 빈약한 실정이다.

그러면 순수문학의 한글전용으로 이미 '고지점령'이 되어버린 한글전용정책의 기원은 무엇인가. 조선시대 초기 한글이 창제되고 "세종대왕은 (용비어천가 등에서)한자와 한글을 혼용하여 글쓰기의 모범을 보여주었다"(초당대 김창진교수). 그러나 조선시대 중기 이후의 자료를 보면 한글문장 중에 한자어를 한자로 쓴 것은 많지 않다. 이 때에는 한문과 순한글로 글쓰기가 분화된 것이다.

漢文과 순한글로 이원화된 언어체계는 신분계층의 분리

국어로 된 문장에 한자어를 한자로 쓴 것은 한문을 배우기 위한 많은 공부를 하기 어려운 일반서민들도 학문적 언어의 뜻을 알 수 있으므로 한자문화권의 비중국언어 지역으로서는 민주적인 문장언어가 될 만 했다.

IV. 이념과 사회가치관

그러나 국민 누구나가 학문을 접할 수 있다는 것은 신분계층의 고정을 위해서는 위협적인 것이 될 수밖에 없었다. 상류층과 하층민의 언어체계를 달리하여 계층간의 이질화로 신분체계를 유지하려는 시도는 세계 어느 곳에나 공통적인 것이었다. 이에 따라 세종의 혼용 시범이 있었음에도 조선시대의 지배계층은 학문적 표기능력이 없는 하층민의 순한글과 학문을 배우는 양반들의 한문으로 의도적인 이원화를 했던 것이다.

이후 개화기에 고종은 국한문혼용을 선포했다. 모든 문장을 국어로 쓰되 학문적 의미가 깊은 단어는 한자로 쓰고 그렇지 않으면 한글로 써도 무방하여 최고의 지성적 문장에서부터 일상적인 생활사의 전달까지 모든 전달방식을 같은 언어체계 안에서 소화할 수 있는 것이었다. 나라 안의 모든 국민의 언어체계를 통일하여 신분이 없는 사회를 만들려는 것이었다. 고종의 국한문혼용은 개화된 일본의 영향을 받음도 있지만 세종時의 한글반포취지를 따르는 것이기도 했다.

그러나 일제시대가 된 뒤로 공식적으로는 이른바 내선일체(內鮮一體)를 표방했지만 일본인과 친일한국인 지배계층은 역시 저들의 기득권유지를 위한 방향으로 나아갔다. 이에 따라 일반한국인에게는 순한글 언어를 권장하였으며 그것은 1920년대의 문화정책이었다. 한국인은 대일본제국 치하의 조선민족으로서 국가지도층이 사용하는 학문적 언어를 배제한 순한글문화를 갖도록 하여 마치 중국의 비한자문화권 소수민족처럼 피지배민족으로 주저앉도록 하는 것이었다.

1. 이념과 문학

1920年代 日帝, 조선인을 피지배민족으로 만들기 위해 순한글문학보급

일제는 조선인 민중에게는 순한글의 문학을 보급하여 순한글에 익숙하도록 했다. 학문표기능력이 있는 한자혼용체는 지식층만 보도록 유도하여 점차 일본어에 흡수되도록 하는 것이었다. 그러나 그 기간이 짧아서 국한문혼용체는 일제시대를 거치고 살아남았다. 그리고 대한민국 건국 후 국한문혼용체는 통용되었다.

그러나 신분고정 욕구는 다시 살아나 대한민국의 신지배층은 한글전용정책으로 다시 지배층과 백성의 언어분화를 기도(企圖)하였다. 그리하여 주지(周知)하다시피 이번에는 백성에게 순한글을 권하고 지배층은 학문적 언어로 영어를 사용하도록 했다. 문학은 1920년 이후 여전히 한글전용이 이어져 왔기에 이를 바탕으로 다른 모든 분야도 점차 순한글로 통일시켜 갔다.

현재는 법률용어와 과학기술 용어도 혼동의 위험을 무릅쓰고 순한글로 만들어가고 있다. 법률용어의 의미혼동은 비록 의뢰인이나 피고인 등 일반법률 수요자는 불편이나 불이익이 크다 해도 판검사 등 법률전문가들은 용어의 정확한 의미를 확장된 재량권으로 규정지을 수 있기 때문에 법조인의 권위 향상이 있을 뿐 법조계 스스로의 불이익으로는 나타나지 않는다. 그러나 객관적이고 정밀한 의미 한정(限定)을 필요로

Ⅳ. 이념과 사회가치관

하는 과학기술 분야에서는 수요자와 전문가 공동의 불이익으로 결말이 날 것임은 명백하다50).

---

50) 영어를 쓰면 되지 않느냐고 하고 실제로 영어로 많이 代置(대치)하고 있지만 영어는 국어문장과의 혼용에서 많은 문제점이 있다.

英字混用 한글必死
(《國語의 構文分析과 情報科學的 意味》그린, 1999)

지구상에는 여러가지 문자들이 많지만, 우리의 글생활에서 한글,漢字,英字의 세 문자사용은 항상 민감한 화두가 되어 왔다. 이 세 문자를 그 특성에 따라 배열하자면 英字,한글,漢字의 순으로 배열할 수가 있다. 세가지 글자 중 英字는 가장 손으로 쓰기 쉽고 타자치기가 편리하다. 그리고 漢字는 한글보다 손으로 쓰기와 타자치기가 어렵다는 것은 말할 필요가 없다. 반면에 한글은 英字보다 눈으로 볼 때 시각성이 우월하며 속독에 편리하다. 漢字는 눈으로 보아 소리를 거치지 않고 곧바로 뜻을 명확히 알 수 있기 때문에 더욱 인식속도가 빠르다.

순한글만으로 표기가 원활한 낱말은 거의가 局地語(local language)로서, 문장의 核心語(keyword)를 이루지 못하는 것이 대부분이다. 漢字를 쓰(用)지 않으면 결국 중요한 의미의 어휘는 영어단어를 많이 사용할 것이다. 물론 지금도 상당한 경우 그런 현상이 나타나고 있지만...

그런데 한글은 본래 음절 단위로 되어있기 때문에, 한글로 영어를 표기하면 정확하지도 않고 본래의 영어 단어보다 쓰(書)기도 불편하다. 영어 단어를 계속 '直수입'하다보면 자연히 차라리 영문자를 그대로 섞어쓰는 편이 낫다고 여겨지게 될 것이다. 漢字語를 한글로 쓰(書)는 것은 단어가 가진 정보가 감소하는 대신에 더 간단히 쉽게 쓸(書)수있다는 반대급부가 있지만, 영문단어를 한글로 쓰는 것은 표기도 정확하지 못하고 쓰(書)기도 더 불편하니 전혀 '경쟁력'이 없는 것이다. 표기가 정확하지 못하면 한글의 상대적인 가독성의 장점도 무의미하다.

그 다음 영문자를 섞어쓰면 이런 문제가 생긴다. 漢字를 쓸 때는 비록 입력이 더 번거롭다 하더라도 그것이 핵심어에 해당하는 낱말들이기 때문에 조금 더 신경을 쓰(用)므로 균형이 맞는다. 그런데 영문자를 섞어쓰면 핵심어는 오히려 입력하기가 쉬운데 助詞 등 상대적으로 중요도가 덜한 낱말을 입력하기 위해서 입력이 번거로운 한글을 꼭 써야 하느냐는 의문이 나온다. 의미전달에 중요한 단어들은 입력이 간편한데 助詞,'~하다' 등의 보조적 표현을 위해 덩어리로 뭉쳐 입력되는 한글은 거북스럽게 느껴질 것이다. 결국에 한글은 천덕꾸러기로 전락하여 도태되고 말 것이며 완전 영어사용론이

1. 이념과 문학

 이렇게 지배층과 백성의 언어분화가 이루어지도록 크게 기여한 것이 1920년대에 만들어진 체계가 그대로 이어지고 있는 한국의 문단이다.

지배층과 민중의 언어分化

 한자병용은 국민모두가 자기의 지식정도(知識程度)에 따른 언어구사(言語驅使)의 자유가 있는 민주적인 언어체계이다. 한자의 지식이 부족한 하층 지식계급을 대상으로 삼는 글이나 그들끼리의 통용에서는 아무도 한자를 사용하라고 강요 안하는 것이고 한자가 전혀없는 한글전용문법도 역시 이 문자 자유주의의 범주에 속하는 것이다.
 한글전용단체 및 좌파세력은 한자를 교육시키는 것은 어린이를 괴롭히는 것이라고 한다. 어린이의 생활에 필요가 없는 의미를 담는 어휘를 가르친다는 것이다. 한자는 필요한 사람만 배우면 된다는 것이다. ("학문 연구나 기업 활동을 위해 더 깊은 한문 교육이 필요한 사람은 각자 알아서 배우면 충분하다", 작가 조정래, 2015)
 그렇다면 국민 중에 운전사 경비원 파출부 등의 일상적 직업을 가진 사람들이 한자를 알게 하는 것도 그들에 대한 괴롭힘이 될 것인가? 학문과 집적 연관이 없는 직업을 가진 많은 국민에게 학문적 철학적 용어를 이해하도록 교육해야 할

고개를 들 것이다.

IV. 이념과 사회가치관

것인가 그렇지 않을 것인가는 선진국이 될 국가에게 숙제일 것이다.

특히 소설 등 문학이란 것이 인간사회의 일상적 이야기의 전달에 불과하니 한글전용으로 충분하다는 견해 그리고 문학은 인간세상 그 이상의 상상력이 있어야 하니 학문분야 못지않게 우주적 개념을 차용(借用)할 수 있어야 한다는 견해가 맞설 수 있다.

사람의 인생은 우주에서 기획된 바가 있어서 세상에 구현되는 것이다. 우주에서 기획된 많은 인생 이야기의 모범을 세상에 전달하는 것이 소설가의 일이다. 이런 우주의 진리를 전달하는 데는 더욱 인간의 지혜를 함유하는 언어를 써야 한다. 소설은 일상 언어로 전달이 되니 가볍고 쉬운 표현으로만 대충해도 좋다는 것은 1920년대 일제가 韓민족을 (마치 중국의 티벳 등 비한자문화권 소수민족처럼) 영구히 대일본제국의 일부인 피지배민족으로 묶어놓고자 시행했던 문화정책의 잔재이다. 소수자세력은 대한민국의 반만년 주류문화가 부정되어야 이득을 얻는 입장이기에 이러한 일제의 문화정책을 이어받아 오늘날까지 우리의 정신문화를 제약하고 있다.

2. 이념과 형벌

이념좌표에 따라 인간사회의 현재수준에 맞춰 신중히 정해야 할 것 중에 중요한 것이 형벌제도이다.

좌파의 관점에서는 인간의 도덕성을 높게 보기에 범죄자는

2. 이념과 형벌

실수로 범죄 했으며 뉘우친 만큼 다시 삶의 기회를 주어야 옳다고 보고 있다. 그리하여 형벌이란 인간의 복수심 때문에 있는 것이라고 보아 형벌을 주거나 強化하는 이들을 저네 자신들 보다 人情이 부족한 자들로 간주한다.

우파의 관점에서는 인간의 도덕성이 아직 부족하다고 보기에 범죄자는 도덕성이 결여되어 범죄 했으며 그에 따른 현세의 보응을 받는 것이 본보기가 되어야 다른 잠재적 범죄자의 또 다른 범죄를 예방할 수 있다고 보고 있다.

"복수는 기본적으로 '내가 아픈 만큼 남도 아프게 한다'는 원리에 기초한다. 즉 복수의 당사자들은 고통을 교환한다. 이에 비하여 형벌은 당사자 상호간의 등가(等價) 원칙에는 관심이 없다. 형벌은 은연중 최소비용으로 최대효과를 거둔다는 시장경제원리를 따른다. 법집행자는 타산지석 내지 일벌백계의 원리에 충실하여야 한다." (전재경, 복수와 형벌의 사회사, 1996)

우파는 現生에서 보응(報應) 좌파는 前生의 악연을 고려한 관용(寬容)

가해자에게 지상에서 보응하여 응분(應分)의 처벌을 하는 것은 만약에 그대로 두었다면 하늘에서 행하게 될 일을 미리 땅에서 하는 것이므로 神의 뜻에 부합되는 행위이다. 이것이 우파적 관점에서는 당연한 것이지만 좌파적 관점에서는 인간 사회가 오래 지속되어 이제 성숙되고 정리단계에 들어갔으므

IV. 이념과 사회가치관

로 피해자가 가해자에게 피해를 당한 것은 전생에 가해자에게 피해를 준 적이 있기 때문에 이번 생에서는 그 보응으로 피해를 당한 것으로 본다. 그런데 또다시 가해자를 현생에서 피해자에게 준 피해와 똑같이 처벌하면 업보가 왕복진동하여 業의 편중이 연속되므로 현생에서는 적당한 선에서 業을 마무리 하도록 노력하자는 것이 좌파적 취지이다. 마치 소리가 잦아들면서 점차 그 진폭이 줄어드는 것처럼 인간사이의 業을 정리해가자는 것이다. 이를 위해서는 현재의 국가사회가 어느 정도 수준에 와있는가 즉 어느 정도의 윤생(輪生)경력을 가진 영혼들이 이 사회에 다수인가를 추정하여 그에 맞는 형벌제도를 세워야 한다. 초급영혼이 다수인 사회는 엄벌주의가 적합하고 중급영혼이 다수인 사회는 업보정리주의(業報整理主義)가 적합하다.

구체적인 예로서는 사형제에 對한 관점이다. 인간의 범죄에 對한 인간의 보복은 금지하여야 한다는 취지에서의 사형제 폐지논리는 국제사회에서 진보적 국가로 인정받을 조건이 되고 있다. 설사 전적으로 악인이라 할 수 있는 사람이라도 세상에서 살 권리를 주고 또 충분히 살게 함으로써 인간의 영혼을 지구상에서 수양하여 선화(善化)하고 돌려보내야한다는 인간사회의 책무를 성실히 이행하자는 취지에 따르는 것이다. 물론 진보적인 국가라면 국가를 구성하는 영혼들의 윤생경력이 충분하다고 자부하는 입장이므로 범죄의 가해자와 피해자와의 사이는 그럴만치 누적된 업보의 사연이 있으니 사건이 발생될 수밖에 없는 관계라고 보는 것이고 결국 가해

2. 이념과 형벌

자에게의 되갚음보다는 적당한 선에서 조정하고 마무리 짓기를 노력한다는 것이다.

우파적인 형벌제도 하에서 살인자는 사형을 받을 수 있다. 그러면 해당자는 저승에서 영혼의 정화를 받고 다시 태어남으로써야 비로소 새로운 삶의 기회를 얻게 된다.

좌파적인 형벌제도에 의해 흉악범이라도 현생에서 뉘우치고 다시 삶을 시작하는 기회를 준다는 것은 바로 하늘에서 했던 새로 태어남을 지상에서 할수 있도록 한다는 것이다. 이 점 성전환 등 하늘에서 이루어졌던 것을 땅에서도 할수 있도록 허용하자는 것과 상통한다. 인간의 사회가 천국에 가까이 갔음을 인정하는 것이다.

기왕의 범죄자에 對한 대응에 있어서는 당연히 좌파적 대응이 좋을 것이다. 다만 범죄예방을 위한 경고의 효과가 관건이 되는데 죄를 짓고도 교화만 받으면 그만이라는 생각이 만연하면 인간의 도덕성 진보가 아직 미흡하다는 우파적 관점으로 보면 범죄발생을 억제하지 못하게 된다.

좌파적 관용과 흉악범죄의 증가

국민전반의 수준이 올라가 있다면 국민은 인간에 의한 처벌이 아니라도 하늘에 의한 처벌을 두려워할 것이므로 사형제폐지는 설득력이 있다. 그러나 그렇지 않은 유물론적 사고방식이 보편적인 사회라면 사형제폐지는 흉악범죄의 증가로 이어진다. 다만 그 증가의 폭이 아주 크지는 않다는 것이 사

Ⅳ. 이념과 사회가치관

형제폐지 주장의 근거로 활용되고 있기는 하다. 이에 관해서는 다음에 설명될 형벌의 시장논리를 경계해야 한다.

사형제폐지론자들은 과연 우리국민전반에 인과응보의 인식이 보편화되어 있는가를 살펴보고 우선 국민의식수준의 향상에 노력해야 할 것이다. 살아서 징벌을 받는 것이 더 큰 징벌이라는 생각은 惡性 우범자에게는 기대하기 어렵다. 남의 생명을 앗으면 자기도 충분히 죽을 수 있다는 인식이 있어야 살인충동을 제어할 수 있다.

이렇듯 좌파의 관점은 범죄의 처벌을 관대히 하는 것이고 한국 내 이른바 좌파도 그러한 방침을 대체로 따르고 있다. 이는 세계 다른 나라도 공통되는데 그렇게 되는 요인은 좌파적 관점대로 관대한 처벌이 효과적인 고수준 영격의 국민이 다수여서가 아니라 좌파이념을 표방하는 집단은 국가사회의 비주류민족으로서 사회적응도가 낮다 보니 자연 범죄율이 높고 그에 따라 범죄에 관대한 제도 하에서야 앞으로의 세력 강화를 도모할 수 있기 때문이다. 진보적인 범죄관용의 배경이론이 본래 누적된 인간업보의 효과적인 해소를 목적으로 하여 상당히 섬세하고 고상한 의도에 근거한데 反하여 그러한 처우를 이용하는 동기는 상당히 저열한 바탕을 깔고 있는 것이다.

본래 범죄인의 유배지로서 개척이 시작되어 범죄율이 높은 집단이 주류가 되어 있는 호주의 경우 범죄에 대한 관용이 국가적으로 인정되고 있다. 하지만 충분히 넓은 영토와 풍부한 생활자원이 그들의 진보적인 생활제도를 받쳐주고 있다.

2. 이념과 형벌

이론적 진보와 현실적 진보자처세력의 차이가 크다는 것은 누차 설명된바 있다. 좌파적 형벌기준은 범죄에 對한 관용이고 한국사회는 이미 그것이 상당히 진행되어 절도죄 폭력죄 심지어 살인죄까지도 상당히 관대한 기준의 처벌을 하고 있는데 유독 성관련 범죄는 엄격히 처벌하고 있으며 특히 진보를 자처하는 쪽에서 더욱 가혹한 잣대를 들이댄다. 그 이유는 무엇일까.

性관련법을 옥죄는 이유

장발장51)의 시대에는 빵 하나를 훔쳐도 18년의 감옥살이를 해야 했다. 이를 넘어 당시는 단순절도에도 死刑까지 처할 수 있었다. 토마스 모어52)의 〈유토피아〉에서는 단순절도

---

51) 빅토르위고((1802~1885), 〈可憐〉(레미제라블)
52) 영국의 사상가(1478~1535), 〈유토피아〉에서는 특히 다음의 구절이 중요하다. … 인간이 죽으면 저승으로가서 이승에서 惡한 일을 행한 자는 벌을 받고 德을 행한 사람은 반드시 褒賞을 받는다고 유토피아인들은 꼭 믿습니다. 저승에서의 因果應報를 믿기 않는 사람이 혹 있으면 그런 자는 인간의 영혼을 짐승의 신체보다도 더 낮은 위치로 떨어뜨리자라는 非難과 함께 인간 이하의 동물로 취급 받습니다. 인간의 영혼의 존엄성을 떨어뜨리는 사람은 人間社會에서 삶을 누릴 수 있는 자격을 가지지 못한 자라고 그들은 생각하는 것입니다. 왜 그렇게 생각하느냐 하면 그런자를 사회에 그냥 남겨두면 그 사회가 존중하는 모든 法과 모든 風俗을 속으로 비웃을 것임에 틀림없으리라고 믿기 때문입니다. 이승에 살고 있을 때 무서워하는 것이라고는 법률뿐일거고 죽은 뒤에 생길 일에 대한 아무런 염려도 안하는 그런 인간이라

Ⅳ. 이념과 사회가치관

등에도 사형을 행하니 단순절도에 그쳤을 범죄자가 살인을 행하는 일이 많은 문제점을 지적하였다. (도둑놈을 사형에 처하는 것이 잘못이라고 내가 생각하는 이유가 바로 여기 있는 것입니다. 도둑놈과 살인자를 동등한 處刑으로 벌하는 것이 사회의 복리를 위해 얼마나 어리석고 不條理하며 얼마나 위험한 일이라는건 누구나 다 알 수 있습니다. 절도범도 사형 살인범도사형 꼭 같은 처벌을 하고 있는만큼 절도죄가 살인죄보다 벌이 조금도 輕하지 않다는 것을 아는 도둑놈들은 그냥 돈이나 강탈하고 살려보냈을 被害者까지도 죽이게 되는 것입니다. 절도범과 살인범이 받는 벌이 꼭 같은 이상 도둑질할 때 證人을 살려두었다가 죄가 탄로나는 것보다는 증인까지 죽여없애는 것이 보다 더 안전하고 죄를 숨기기에도 쉬울 것이므로 무작정 살해하게 된다는 말입니다. 도에 넘치는 무자비한 刑罰을 부과하여 도둑놈들을 무섭게 하려는 우리의

면 자기 한 몸의 탐욕만을 채우기 위하여 자기 나라 법을 秘密 理에 업신여기고 기회만 있으면 暴力行使까지라도 해서 법을 어기려 들 것은 의심할 여지도 없이 확실하다고 그들은 생각하는 것입니다. 그러므로 그런 견해를 품고 있는 자에게는 어떤 직장에서든 採用하려 들지 않고 어떤 官廳에서나 공공단체에서도 책임지는 일을 맡기지 아니합니다. 그런 자에게는 아무런 職責도 맡기지 않고 전혀 無價値하고 천박한 기질의 소유자라는 烙印을 찍어 온 국민이 멸시하는것입니다. 그렇지만 그런 사람에게도 그밖의 다른 어떤 처벌은 주지는 않습니다. 누구건 자기가 바라지 않는 것을 강제로 믿게 할 수는 없다고그들은 깨달았기 때문입니다. 〈天路歷程·유토피아〉 乙酉文化社 1983, 朱耀燮 譯, 第二部 유토피아人들의 宗敎 中.

2. 이념과 형벌

노력은 결국에는 도리어 도둑놈들로 하여금 무죄하고 결백한 사람들까지 살해하라고 충동하는 결과를 맺고 있는 것입니다. 〈유토피아〉 第一部 中) 이는 오늘날에도 단순성범죄에 그쳤을 범죄자를 종종 살인으로 비약하게 하는 구조와 공통된다.

절도에 대한 엄벌은 먹고살기 위해 치열한 투쟁을 해야 하는 영혼성장 단계에 있는 민중들이 페어플레이를 어기면 안 된다는 지배층의 신념에서 나온 것이었다.

오늘날의 생각으로는 먹을 것 등의 물자가 부족했기 때문에 그러했던 것으로 생각될 것이다. 그러나 당시에도 모두를 먹여 살릴 물자의 절대량이 부족했던 것은 아니었다.[53]

---

53) 자동차와 컴퓨터가 생산성을 크게 향상시켰다고 하지만 자동차와 컴퓨터를 만드는 일에 전에 필요하지 않았던 人力이 동원된다. (이하 ChatGPT) 과거와 현재의 물자 생산성 비교와 관련하여, 물자 생산성의 진정한 향상이 과거보다 과장되었을 가능성을 주장하는 학설이나 사례는 여러 분야에서 제기된 바 있다. 에너지 사용의 역사적 고찰 : E. A. Wrigley와 같은 경제역사가들은 산업혁명이 오히려 인간 노동력의 전반적인 요구를 감소시키기보다 다른 방식으로 확장시켰다고 주장한다. 농업 중심 경제에서 석탄 및 화석 연료 중심 경제로 전환되었지만, 인간 노동력 및 자원의 투입 방식이 크게 변화했을 뿐, 생산성의 질적 향상은 과대평가될 수 있다는 주장이다. 프리시먼(Persistence of Human Labor)의 논의 : 20세기 말부터 일부 경제학자들은 "자동화와 기술 발전"이 예상만큼 노동 절약적이지 않으며, 오히려 새로운 형태의 노동과 산업 구조를 만들어냈다고 주장한다. 예를 들어, 정보화 시대의 지식 노동은 과거의 육체 노동과 달리 새로운 종류의 집중적 노동을 필요로 하며, 이는 단순히 생산성 증가로 해석하기 어렵다는 비판이 제기되었다. … 等.

Ⅳ. 이념과 사회가치관

지배층은 하위계층이 지배층을 간절히 따르는 동기를 마련해야 하는 것이었다. 복종의 모범이 되는 자에게 더 많은 혜택을 주어야 하위계층은 더욱 지배계층을 따를 것인데 그 혜택은 인간의 원시적 필수품인 식량이었다.

과거 지배층, 민중을 다룰 수단으로 식량 이용

더 먹일 수 있는데도 안 주었던 상황이 理解가 되지 않는다면 오늘날의 선진국과 후진국의 관계를 참고하면 된다. 선진국은 후진국에 무상으로 물자를 나눠주지는 않는다. 한국도 북한에 무조건적인 지원은 삼가고 있다. 과거의 신분간의 장벽은 오늘날 국가 간의 장벽보다 더 큰 것이었다.

오늘날 세계의 중진국 以上 되는 나라는 적어도 하위계층까지의 모든 민중이 먹을 것 자체로 큰 절박함을 당하지는 않는다. 하지만 오늘날도 지배계층에 의한 민중 다루기는 여전히 필요하다. 하위계층의 신분상승 - 기껏해야 지배계층 주변을 맴돌 정도 되는 것이 대부분이겠지만 - 욕구를 촉진할 '민중대다수가 충족하지 못하고 있는 것'이 있어야 이를 미끼로 하위계층을 다룰 수 있다.

이 때문에 소수 선진복지국가를 제외한 세계 대부분의 나라는 性의 개방을 억제하여 국민(특히 활동력이 왕성한 연령층의 남성들)을 다룰 도구를 남겨두고자 한다. 적은 대가(代價)로 성욕을 충족하려는 남성의 변태적[54] 행위를 엄격한 규제로 억제함은 물론 대가가 적거나 없는 여성의 性的 베풂의

2. 이념과 형벌

상황도 관습상 규제하여 性을 민중을 다루기 위한 당근으로 남겨두고자 하는 것이다. 과거의 식량 대신에 性은 이제 민중을 다룰 유일한 수단으로 남아있는 것이다.

현대 지배층, 민중을 다룰 수단으로 性이 거의 唯一

성욕은 인간의 피할 수 없는 욕구이다. 그보다 우선되는 식욕도 과거에는 의도적인 규제를 했다가 이제는 인간의 기본권을 위하여 누구에게나 할 수 있는 한 보장해주려 하고 있다. 마찬가지로 인류사회의 진보에 따라 성욕 또한 모든 인간에게 최대한 보장해주어야 마땅할 것이나 한국을 비롯해서 세계의 일부 나라들은 다른 분야는 상당히 진보적으로 나아갔다고 하더라도 성에 관련해서만은 보수적인 규범을 견지하고 있다.

사람 각자의 취향에 따라 성욕의 상당부분은 굳이 생식이 가능한 성행위를 할 필요가 없이 여성의 몸을 보거나 만지기만 하는 것으로도 해소가 되는데 배우자나 연인관계가 아니라도 이러한 행위들이 많이 허용되면 남자들은 여자를 얻기 위한 큰 노력을 하지 않게 된다. 여자에 관하여 전적인 책임

---

54) 음란 동영상, 각종 성관련 산업으로 남성이 정식으로 여성을 상대하지 않으면서 성욕을 대리 충족하는 각종행위. 마광수(馬光洙, 1951~2017 性自由 思想家)는 필자와의 직접 대담 중에 인간상호간의 부담이 크지 않은 욕구해소방식으로서의 '변태(變態)'를 옹호하였다. 성의 욕구가 해소되는 상태에서야 사회의 활력도 살아난다고 주장하였다.

Ⅳ. 이념과 사회가치관

을 지고 여자를 가족으로 맞이한 남자만이 성욕해소를 할 수 있게 되어야 남자들은 여자를 확보하고자 절박하게 활동할 것이다.

물론 사회구조를 유지하기 위해서는 국가는 국민의 생활을 마냥 풀어줄 수는 없다. 사람들이 어느 정도 공동의 가치추구를 위한 경쟁을 해야 사회구조도 유지되는 것이고 그들 각자가 해당하는 인생교육과정에서의 영적성장도 이루어지는 것이다. 성관련 규범의 진보와 개방으로 성욕해소산업이 번성하면 이제는 이미 어느 정도 보장이 되어 있는 식욕에 이어 성욕마저도 비교적 쉽게 해결이 되니 사람(특히 남자)들이 생존과 성취를 위한 노력을 덜하게 된다.

성욕해소 관련 각종산업을 규제하고서야 사람들은 결국 실제로 배우자나 애인을 확보해야 하고 남자들은 이를 위해 필요한 더 많은 사회적인 능력을 가지러 노력하게 된다. 성욕해소의 문턱이 낮으면 국민 특히 남자들의 생활력증진경쟁이 소홀해질 수 있으므로 성욕해소의 문턱을 높여 남자의 능력과 조건이 여성에게 충분한 신뢰를 주어서 혼인이 가능하고 자식양육도 감당할 능력을 갖춘 경우에만 성욕해소를 할 수 있도록 하면 국민 특히 남자들은 그 정도의 자격에 다다르기 위한 노력을 하게 되어 경쟁을 기반으로 한 사회질서의 효과적인 유지가 가능하다.

그러나 이것은 국가에서 조성(助成)하는 영적진화의 교육과정이 낮은 데에 머무른데 따르는 현상이다. 국민대다수의 영적진화수준이 아직 생존추구 혹은 규율순종의 교육과정을

2. 이념과 형벌

받을 단계에 머물러 있다면 보수적인 성규범은 당연할 수 있다. 그러나 성취지향의 단계에 이른 영혼에게는 식욕은 물론이고 성욕 등 기본적인 삶의 욕구충족이 이루어져야 그 발판 위에서 새로운 성취를 얻어내기 위한 노력에 매진할 수 있게 되는 것이다. 심지어 다른 여러 분야의 사회제도는 관계지향의 단계에 이른 영혼에게나 적합한 사회주의식 제도를 추구하면서도 자칭진보세력을 포함한 국가지배세력은 성규범에 관해서만은 봉건주의시대와 다를 것 없는 완고한 입장을 취하는 경우가 많다.

국민의 영혼진화수준이 어느 정도 진보된 사회라면 식욕과 성욕의 해소를 위한 삶에서 더 나아가 그 위의 목표를 국민이 추구하도록 해야 하는데 문제는 지도자들의 수준이 그러한 사회를 관리할 수 있는가에 있다. 특히 좌파적인 위정자는 관리능력과 국민수준을 고려하지 않고 사회 각 분야에서 관대한 진보정책을 추구하길 즐겨한다고들 하지만 그래도 유독 性에 관련해서는 너무도 겸손하게 보수적인 태도를 보인다. 물론 여성은 약자이므로 여성의 인권을 보호해야 한다는 이유를 대지만 약자인 여성을 보호해야 한다는 主義는 봉건시대에도 경우에 따라 충분히 있었던 것이었다.

현실좌파세력이 집권시에도 변함없이 성욕규제라는 효과적인 지배수단을 유지하고자 하는 것에서 저들의 목적이 이념실현에 있는 것이 아님을 보여주고 있다. 현실좌파가 표방하는 좌파적 이념은 현실사회 내에서 저들 분파세력이 전통적 비주류였던 데에 따라 다만 사회질서의 부분적 개편 즉 지배

Ⅳ. 이념과 사회가치관

세력의 교체라는 제한적 목적이 있을 뿐이다.

 엄격한 성범죄처벌과 성욕해소에 관한 각종규제는 지배층의 민중다루기에 거의 유일하게 아직 남아있는 수단으로서 역시 새로운 지배층형성을 목적으로 하는 현실좌파세력으로서는 결코 놓을 수 없는 지렛대이다. 진정한 사회의 진보를 추구한다면 성규범을 이용한 사회통제의 미련을 버리고 건전한 사회적성취의 목표점을 제시하고 영적성장에 부합되는 사회가치관을 定立하여 국민공동으로 추구하도록 유도하면서 국가사회구조를 형성하고자 해야 할 것이다.

여성의 남성을 향한 성범죄는 자체모순

 소위 남녀평등의 논리에 따라 여성의 남성을 향한 성범죄의 처벌법도 제정되어 적용되는 사례가 있다. 일부 철없는 남성 젊은이는 남녀의 성범죄처벌의 형평을 위해 필요하다고 보기도 하지만 실상 이것은 남녀를 불문하여 애정을 나타내는 쪽에 불리하게 작용하여 결국은 성소외자를 더욱 억압시키는 제도가 된다. 실제로 이 법의 적용사례도 피해자라는 남성의 허위고소가 다수이다.

 여성의 남성에 對한 성범죄는 그 자체 모순되는 것으로서 성립되지 않는다. 여성과 남성의 관계는 여성이 보유하고 있는 우주적 가치를 남성에게 인도하는 것이다. 물건을 파는 사람이 적극적으로 구매를 권하여서 산 물건이라도 구매자는 그 값을 치러야 한다. 음식을 값없이 권하는 것이 지나치면

2. 이념과 형벌

혹 자존심이 상할 수는 있다. 여성의 남성을 향한 애정표현이 허락 없이 지나치면 자존심이 상할 수는 있다. 그러나 음식을 강권한 것이 범죄가 될 수 없듯이 이것이 법적으로 처벌을 요구할 정도의 범죄피해가 될 수는 없다. 남녀를 대칭적 존재로 볼 수 없는 것이 성도덕 판단의 기본이다.[55] 불가피한 처벌요구상황이 발생했다 해도 폭력죄나 미성년자보호법위반으로 충분하다.

형벌의 시장논리는 인권을 위하여 止揚되어야

市場에서는 물품의 본래가치에 상관없이 사람들이 많이 찾는 물건은 높은 가격으로 판매가능하다. 한편 低價이면 판매가 급증하고 高價이면 판매가 급감하는 물품이라면 그 가격은 최대한 낮아질 것이다.

살인 절도 등 형벌의 경중과 관계없이 사람들의 양심이 저지르기 꺼리는 범죄는 형량을 낮춘다고 사건이 급증하지는 않는다. 사형제 및 엄벌주의가 흉악범죄 억제에 큰 효과가 없다는 말은 어느 정도 맞는 말이다.

다만 만약에 성범죄의 처벌이 가벼워진다면 해당되는 행위는 크게 늘어날 것이다. 이러한 현상은 정치적 범죄도 마찬가지이다. 정치적인 규제를 풀면 그전에 규제의 대상이었던 행위가 대폭 늘어난다. 두 가지 다 인간의 기본양심과는 다

---

55) 많은 남자들이 여자의 심리(心裏)도 남자와 같을 것이라는 착각으로 말미암아 성희롱죄 등 성관련 범죄를 저지르게 된다.

Ⅳ. 이념과 사회가치관

른 차원의 범법(犯法)이기 때문이다.

이러한 시장논리에 의해서 성범죄는 피해자의 피해에 비하여 처벌이 무거운 경향이 있다. 당장의 통치를 위해서는 시장논리를 따르는 것이 효과적이겠지만 국민 업장(業障)의 올바른 관리를 위해서는 형벌의 量은 범죄의 피해정도에 따라 올바르게 산정(算定)되어야 할 것이다.

형벌을 내리는데 있어 피해자의 피해정도를 지상에서 보응하는 것은 국민 개개인의 업장을 국가에서 관리해주는 효과가 있고 이것은 그대로 하늘의 일을 지상에서 덜어주는 국가의 역할에 충실한 길이다. 그러나 이제까지 형벌은 범죄자의 도덕성을 주된 기준으로 삼아왔다. 현실사회의 자의식 하에서 계획적으로 저지른 범죄는 범죄자의 도덕성이 낮으니 엄벌에 처하고 술에 취하거나 우발적으로 저지른 범죄는 범죄자의 도덕성에 완전일치하지는 않으니 되도록 선처하자는 것이었다.

현실의 표면의식 즉 혼자(魂自)의 행위에 처벌을 집중하는 것은 일견 타당한 듯이 보인다. 그러나 피해자의 피해가 객관성을 갖는데 비해 범죄자의 행위가 반드시 魂自만의 그것이었나 혹은 무의식중의 영아(靈我, 잠재의식)가 관여된 것인가의 판단에는 정확성에 한계가 있다. 특히 魂自가 인사불성으로서 自身의 판단력이 희미해진 상태에서 靈我만의 행위였다고 변명할 때에는 더욱 변별이 힘들다.

魂自가 현실사회의 규범을 감안하여 행동에 절제를 보이려 해도 靈我는 누적된 業을 보상하고자 행위를 충동한다.[56] 업장을 관리하는 것은 靈我이므로 형벌은 靈我의 행위에 보상(補償)이 되어야 업장해소를 도와줄 수 있다. 魂自의 행위에 對한 응징은 다만 지상의 국가구성원을 권력이 통제하는데 힘을 보태는 효과가 있을 뿐이다.

주취감형(酒醉減刑)은 인간의 지상에서의 죄업을 보상하는 목적보다는 현실혼을 통제하려는 권력의 목적에 따른 관행이다. 이른바 우발적 범죄에 대한 관대한 처벌도 같은 목적에 기인한다. 법률과 형벌은 피해자의 피해정도에 기준을 두어야 하는데 가해자의 도덕성에 기준을 두는 것은 국민통제에는 효과가 있지만 국가단위의 업장해소에는 효과적이지 못하다. 형벌의 시장논리를 따르는 등의 통제목적의 법률을 시행하는 국가보다는 하늘의 인과응보를 대행해주는 국가라야 하늘로부터 사랑받는 국가이고 존속할 가치가 크다.

3. 이념과 성별

현생에서 가지고 있는 삶의 조건은 天上 즉 靈界에서 결정한 것이다. 태어나기 전에 영혼이 합의한 탄생조건은 그 영혼에게 익숙한 것도 있고 생소한 것도 있다.

우파가 되는 자는 영혼에게 익숙한 조건을 가지고 태어났고 좌파가 되는 자는 영혼에게 생소한 조건을 가지고 태어났

---

56) 반대로 魂自가 육체의 욕구에 따라 행동하고 싶은 충동이 있어도 靈我가 이를 통제하여 김命에 맞는 삶을 살게 하기도 한다.

Ⅳ. 이념과 사회가치관

다. 경제적 사회적 신분 그리고 탄생한 국가의 문화적 배경 등이 탄생의 조건인데 그중에서도 민감하고 흥미로우면서도 때로는 다소 민망한 것이 성별조건이다.

생물의 자웅(雌雄)의 특성은 일정하지 않다

좌파는 성별에 따라 다른 역할을 부여하는 것을 편견이라고 한다. 이것은 조물주로부터의 성별구분의 근본적 취지를 감안하면 맞는 말이다. 인간과 동물을 두루 관찰하면 자웅은 각각에 고유한 역할분담이 정해져 있는 것이 아니다. 자웅의 역할분담은 생물 각각의 종에 따라 다르다. 암컷이 더 투쟁능력이 있는 독수리와 하이에나 그리고 수컷이 알을 품는 조류와 어류에서도 자연계의 이른바 성평등의 증거는 많이 찾아볼 수 있다. 기왕에 암수의 구분기준을 난자배출개체와 정자배출개체로 삼았기에 이렇게 설명되지만 실상은 동물계의 암수의 고유특성은 미리 정해진 것이 아니고 체격의 크기, 새끼양육 담당, 아름다움의 정도 등의 여러 요소를 편의에 따라 양쪽이 나누어가지는 것으로서 여러 특성을 나누어가진 兩者의 상호보완적인 협력으로 인간 그리고 동물은 생활과 번식을 한다.

지구상의 동물은 암컷보다 수컷이 화려한 경우가 많다. 인간은 남성지배의 사회이기 때문에 여성이 평가의 대상이 되어 여성의 아름다움만 강조된 것이라는 견해도 있다. 그렇지만 이것은 사회과학적인 용불용설에 불과하다. 인간의 남녀

3. 이념과 性別

가 동물의 수컷암컷과 각기 대응된다고 봐야할 필요는 없다. (獅子의 얼굴장식을 위한 長毛는 수컷이 가지고 있으나 인간은 그러한 특성이 여성에게 강조되어 있다.) 앞서의 언급처럼 인간 또한 특성을 나누어가진 兩者의 협력으로 살아가는 것이다.

역사상 업적의 인물은 왜 남자가 많은가

인간의 본질인 영혼에 남녀성의 구별은 없다. 다만 개척을 추구하는 영 모험을 추구하는 영 정복을 추구하는 영 예술을 추구하는 영 미를 추구하는 영 생육을 추구하는 영 등 각각의 영들의 개성이 있고 이들은 얽힌 인연의 해소와 성통공완(性通功完)에 적합한 성별을 찾아 지상에 태어난다. 영들의 각각의 개성은 대체로 보아 남성체에서 구현이 효과적인 것이 있고 여성체에서 효과적인 것이 있다. 대개의 경우 영의 개성 구현에 효과적인 성별을 따라 태어난다. 그러나 업적을 남길 사명을 남기고자 태어나는 경우 소극적인 생활태도로 생활이 가능한 여성의 신분이 되면 성취에 유리하지 않을 수 있다. 이에 따라 개성의 남성적 여성적인 경우를 막론하고 업적을 남기고자 하는 영혼은 남성을 택하는 경우가 많다.[57]

---

[57] 이문열의 〈선택〉에서는 재능이 출중한 여자가 그것을 세상에서 활용하기보다 한 여성으로서의 길을 걷는 것을 하나의 정당한 '선택'으로 평가 하고 있다. 拙著 〈이문열의 삶과 문학세계〉 참조.

IV. 이념과 사회가치관

이로 인해 업적 창조자 중에는 비록 남성 신분이라 할지라도 개성의 남성성 부족으로 독신자 등의 비율이 높다.

현대에는 정치적 정당화(Poilitical Correctness)를 위해 여성이 업적성취에 '불리하지 않게'하고 있으나 여성에게는 젊은 시절 '적극적 노력'이 필수적으로 요구되지 않음은 변함이 없다. 진로개척의 자유는 공유하되 할당제 등으로 굳이 현생의 업적발현을 女性體로도 '균등히' 실행하도록 강제조정을 해야 할 것인가는 보수적 관점의 우주생성원리에 비추어 의문되는 것이다.

男性은 우파性 女性은 좌파性인가

통상적으로 남성위주의 사회라면 우파성향의 사회이고 여성위주의 사회라면 좌파성향의 사회로 간주한다. 남성은 지상에서의 정복과정을 거쳐 많은 자손을 퍼뜨릴 수 있는 세력확장성이 있지만 여성은 자손을 퍼뜨리는데 한계가 있으므로 남성은 지상에서 각 집단의 세력경쟁의 주체가 되었다. 여성이 중요시되는 사회는 더 이상 생존과 세력확장을 위한 경쟁을 중요시하지 않는 진보적인 사회이다.

남자는 天上의 本形을 벗어나 지구상 물질계에서의 활동에 효과적으로 창조되었다. 그만큼 천상에서 멀어진 존재이므로 생애동안 천상에 더 가까워지기 위한 인생의 성과를 이뤄내야 하는 강박에 쫓기게 된다. 자제력을 잃은 남성이 빠져드는 술 도박 여자라는 세 가지 대상은 술에 의해 신체의 기능

3. 이념과 性別

을 저하시킴으로써 지상으로부터 천상에 조금 더 올라있는 기분을 얻음으로써 성취감을 느끼는 것과 도박에 의해서 적은 노력이지만 승리의 쾌감을 얻어 성취감을 느끼는 것 그리고 여성이라는 비교적 천상에 가까운 형태의 존재를 접함으로써 천상에 가까워지는 성취감을 얻는 것에서 공통된다. 남성은 지상의 존재로서 천상의 가치를 추구해야할 처지임을 인식하고 성취를 위해 노력하는 것으로 우파적인 존재이다.

반면에 여성은 창조원리가 천상의 본형을 잃지 않으려는 지침에 따르고 그 자체 천상의 가치를 가지고 있으니 이미 진보된 존재이다. 그럼에도 여자는 스스로 생산력이 다소 부족한 것인 지상에서의 생존을 위한 물질을 원하게 되니 남자가 지상에서 천상의 가치를 추구하는 순방향(順方向)의 지향을 가진 우파인데 反하여 천상에서 지상의 가치를 추구하는 역방향(逆方向)의 지향을 가지는 좌파적인 존재가 된다.

男女와 人神관계

인간의 육체와 영혼의 관계를 논할 때 人과 神의 관계가 거론된다. 남녀의 위상을 인신의 관계가 견주어 서술한 두 인용문으로 앞의 언급을 보충한다.

"과거에는 남자를 하늘 여자를 땅에 비유하는 경우가 많았다. 여자는 생명본위의 가치를 위하여 창조되었고 남자는 (영적단련을 위한)활동의 편의성을 위해 창조되었음을 감안하면 근거는 있다. 그러므로 '하늘'은 남자의 입장에서 더욱 추구

Ⅳ. 이념과 사회가치관

해야 하는 것이다. 역설적으로 여자는 '하늘'을 이미 소유하고 있기 때문에 그 절박함이 덜하다고 할 것이다."(拙著 〈생애를 넘는 경험에서 지혜를 구하다〉, 2012)

"남녀결합은 총체와 요소 간에 중항(中項)을 구성하면서 신인률(神人律) 양극으로 갈라지면서도 이들의 즉합체(卽合體)로서 앞의 두 연역(演繹)을 동일연역화하고 한쪽 과정에 다른 쪽 과정을 통합하는데 한쪽은 현실에서 비현실로의 인률적인 하향운동으로서 여기서 조성(造成)되는 독립원(獨立員)들은 필사적인 모험을 감행하는 반면 다른 쪽은 명계(冥界)의 규율에 따른 상향운동으로서 백일하(白日下)의 현실과 의식적 존재를 향한다. 이들 움직임 중에 전자는 남성에 해당하고 후자는 여성에 해당한다."(헤겔 〈정신현상학〉 2024 은범상회 310면, 第三部, 精神篇, 第六章 精神, 論題一 참다운 精神 倫理, 小論題一 倫理界와 人神規律과 男女, 463장 끝부분)

남녀의 어느 쪽 운동을 상향이거나 하향으로 간주하는가는 무관하게 남자는 현실존재에서 영적존재를 여자는 영적 존재에서 현실존재를 추구하는 것이라 함이 공통된다.

진보의 성전환 옹호

성전환희망자는 자기의 本 즉 영혼의 상태와 具 즉 육체가 일치하지 않아 몸에 불필요한 것이 있으면서 있어야 할 것이 없다고 느끼는 경우이다. 영혼은 이전의 윤생에서 누적된 경

3. 이념과 性別

험에 따라 남성 혹은 여성의 성향이 있지만 상대의 性도 한 번쯤 겪어봐야겠다고 생각되어 영계에서 성전환 된 삶을 결심하고 지상에 왔더니 견디기가 만만치 않아 후회하고 있는 상태이다. 보통의 사람들도 세상에서 자기가 잘 모르고 동경하던 분야에 뛰어들었더니 예상과 달리 힘들어 후회하는 경우가 있는 것과 마찬가지이다.

진보주의를 표방하는 쪽은 이러한 후회를 옹호한다. 지금 비록 남성의 몸으로 태어났지만 그 이전에 누적된 전생의 경험으로 아직은 여성이 습성화된 영혼이라 여성의 삶을 편안하게 느끼니 원하는 대로 여성의 삶을 살 수 있도록 열어주자는 것이다.

성전환의 허용은 육체로 인한 차별에서 해방되어 영혼의 상황을 그대로 지상에 반영하여 살게 하자는 것으로서 하늘의 뜻을 땅에 이루는 먼 훗날의 희망을 서둘러 이루자는 지극히 진보적인 것이다.

인류는 신분차별과 성차별이 있다가 차례로 철폐되었다. 과거에는 태어난 신분이 평생 변하지 않지만 지금은 자신의 노력으로 신분이 변할 수 있다. 성별도 신분처럼 생애 중에 자기 뜻에 의해 변할 수 있다면 그것은 곧 육체를 가지고 영혼 못지않은 자유를 누리는 것으로서 하늘의 뜻이 지상에 실현되는 지상천국일 것이다.

그러나 이런 극좌적 착각에서 벗어나면 현재 지상천국이 가까이 와있다고는 보기 어려움을 우리는 알 수 있다. 인간이 현생에 특정한 자기의 몸을 가진 것은 영혼의 단련을 위해 필요한 조건이라고 인식해야 한다. 자기의 태어난 의미를 살리기 위해서는 신체와 환경 등 자기의 조건을 존중해야 한다.

결혼제도의 보수성

결혼제도의 기원은 힘 있는 남자가 여자들을 소유하고 관리하여 자기자식 외의 아이를 낳지 못하게 하려는 것이었다. 유전자 검식을 할 만큼 과학이 발달하지 못한 시대에는 자기 소유의 여자들을 밖의 남자와 접촉하지 못하게 하는 것이 여자들이 낳은 아이가 자기의 아이임을 확신할 유일한 방법이었다. 일부일처제는 훗날에 평등사상이 보편화되면서 기존의 결혼제도에 기반을 두고 수정된 제도이다.

진보는 결혼제도를 중시하지 않는다. '하늘나라에서는 장가도 아니 가고 시집도 아니 가는 것'을 지상에서도 본떠 개인의 자유로운 삶을 중시한다. 이에 따라 국내에서도 결혼제도에 따른 사회조직이라 할 호주제를 폐지했다. 전통의 말살이라는 비판에 對한 해명은 국가에서 가문을 인정하지 않을 뿐 민간에서는 얼마든지 가문승계가 계속될 수 있다는 것이다. 결국 스스로 가문전통의 보존역량이 있는 상류층만 가문을 보존하게 되었다.

성범죄처벌의 보수성

3. 이념과 性別

과거의 상류귀족일수록 혈통을 중요시했고 이 때문에 강간이나 간통으로 집안에 불순한 혈통을 들이는 것은 큰 죄가 될 수밖에 없었다.

영혼이 육체를 빌려 탄생하는 것은 무작위로 일어날 일이 아니다. 태어날 아이의 영혼은 부친 쪽과 모친 쪽에 각기 적절한 인연관계가 있어야 한다. 이럴 때 당사자가 원치 않고 상대를 증오하는 상태에서 잉태한다는 것은 인연의 흐름에 부정적인 작용을 할 것이다. 때문에 강간은 물론이고 간음도 정상적으로 약정된 두 사람 사이의 잉태가 아니어서 큰 죄가 되었다.

현대는 잘못된 관계에 의한 결과를 돌릴 기술이 발달해 있다. 잘못된 임신은 이를 취소하기 휘한 낙태기술이 발달해있다. 원치 않는 자손의 탄생을 막도록 피임기술이 발달해있다. 이렇게 상황이 바뀐 현대에 강간을 살인에 준하게 처벌하는 것은 합리성이 떨어진다. 하지만 현실진보세력은 이에 관해 비판하지 않는다. 앞서도 말했듯 엄격한 성범죄처벌은 민중을 다스리기 위한 중요한 수단이기 대문이다.

근친은 이미 인연이 있는 관계

인류사회 대부분이 근친혼을 금지해 왔으니 이제 자유화된 사상이 나올 듯도 하지만 전혀 그런 기미는 없다. 근친간의 관계를 금지하는 관행 자체가 이미 神의 뜻에 의하여 일찍부터 시행되어온 진보적인 사상이기 때문이다[58]. 神에 의한 진

IV. 이념과 사회가치관

보사상은 인간에 의한 진보사상과는 달리 진실로 인류사회를 진보시켜 인류의 영적향상을 도모하는 것이다.

남자 혹은 여자가 자기 집안의 타고난 기질과 성장환경에 따라 자신의 인격을 정립시키고 이윽고 현생에서 그동안 모르고 지냈던 여자 혹은 남자와 만나 그쪽에 적응하는 것은 피차의 정반합의 원리에 따른 인격향상과정이다. 만약 기존의 가족과의 생활만을 계속한다면 정반합의 발전원리에 위배된다. 물론 익숙한 생활문화를 더욱 공고히 하므로 보수적인 공동체유지에는 도움이 될 수는 있다. 그러나 인류는 인생의 중간에 하나의 큰 진보적인 선택(결혼)을 하도록 일찍부터 가르침 받아왔다.

이미 천륜으로 맺어진 영혼끼리 중복되어 가까운 관계를 맺는다면 현생에서 다양한 관계를 접하고 발전시켜야 하는 탄생의 목적에 위배되므로 근친상간은 죄악시 되는 것이다. 인간사회의 전통윤리는 비단 혈연의 가족 뿐 아니라 형수 자부 등의 후천적 인척에 관해서도 중복되는 인연관계를 맺지 못하도록 가르쳤다.[59] 유전적인 문제만을 금지의 근거로 본다면 현대에는 무자녀 부부도 적지 않은 상황에서 윤리관의 혼동을 일으킬 수 있다. 실제로 인터넷에서 남매가 동거를

---

58) 레위記 18:6~18 "너희는 骨肉之親을 가까이하여 그 下體를 犯치말라…"
59) 일부 문화권에서 형수 등이 과부가 되면 아내로 맞게 하는 것은 가문의 인연을 중시하는 여건에서 생겨난 관습이지만 유교사회에서는 이마저 금했다.

3. 이념과 性別

하며 애인처럼 살아가고 있음을 고백하는 게시물이 있었는데 이에 대한 비난들이 있자 애를 안 낳는데 무슨 상관이냐며 항변했다고 한다. 잘못된 아이를 낳은 위험이 있다고 금기시하는 것이 아니라 인연의 다양화를 추구해야 하는 神의 섭리에 어긋나기에 부당한 것이다.[60]

소여성의 귀족화를 위한 희생대상은 청년남성

과학의 발달로 인한 경제성장으로 오늘날의 대중은 과거의 귀족에 準하는 특권을 누리게 되었다고들 한다. 과연 과거에는 일부 귀족과 왕족만이 최고수준의 가수와 배우 그리고 광대를 만나 즐길 수 있었으나 오늘날에는 누구나 그들의 공연을 볼 수 있다. 얼마 전까지는 시간을 지켜야했으나(텔레비) 지금은 아무 때나 호출해도 된다(유튜브). 그 외에도 귀족과 왕족이나 탈수 있었던 가마나 마차보다 더 좋은 승용차를 갖는 등 물질의 절대적 풍요로 인한 삶의 신분상승은 새삼 언급하는 게 진부하다.

하지만 과거의 상류신분이 다른 하층계급사람보다 권리를 존중받고 섬김을 받았던 상대적 지위의 특권은 오늘날 분배

---

[60] 대한민국 초기 어떤 소설에 있었던 남녀 쌍동이가 성장후에 만나 연인이 되어 양가소개하고 결혼약속까지 하는 이야기와 근래 중국에서 있었던 실제로 있었던 그러한 이야기의 경우는 우연이 아닌 인연의 설계라 볼 수 있고 인연의 중복을 금한 윤리에도 어긋나지 않는다. 다만 인간사회의 견해가 문제될 뿐이다.

Ⅳ. 이념과 사회가치관

받지 못하는 것이 현실이다. 이것은 인간사회 구성원끼리의 상대인 가치이기 때문에 불가능하다.

과거의 일반여성은 남자가 주변사회를 지켜준다는 대신에 강제 혹은 생존의 수단으로 남성과의 수시접촉을 허용할 수 밖에 없었다. 이에 反해 귀족여성은 남성의 소유욕에 의한 순결관념 그 以上의 程度로 원치 않는 남성의 접촉을 불허하는 특권을 가졌다.

이러한 귀족여성의 상대적인 특권은 당연히 희생을 바탕으로 했다. 주변의 하위남성들의 엄격한 욕구통제는 물론이고 남편 등 같은 신분의 남성의 성욕에도 제한을 가함에 따라 같은 상류남성은 하위여성들을 추가의 욕구대상으로 부리게 되었으며 이 역시 하위남성들의 욕구를 더욱 억압하는 것이 되었다.

오늘날 女權을 伸張하겠다는 者(페미)들이 행하는 것은 바로 과거의 귀족여성의 특권을 오늘의 일반여성이 누리게 하겠다는 것이다. 희생의 대상이 되어야 할 공식적인 하위신분의 백성이 없는 지금 누구를 희생대상으로 삼을 것인가. 자연히 여성에게 제공할 물질적 사회적 資産이 부족한 하위층 남성 특히 아직 갖출 여건이 안 되는 청년남성들이 될 수밖에 없다.

연애관계에서 여자는 富者 남자는 貧者

사회의 계약관계에서 부자와 빈자가 계약을 하면 부자는

3. 이념과 性別

거래의 신뢰를 중히 여기나 빈자는 어서 돈을 받고자 한다. 마찬가지로 남녀의 연애관계에서 여자는 사랑의 신뢰를 중히 여기나 남자는 조속한 신체접촉을 원한다.

여성의 몸은 지상의 활동효율을 위한 변형을 止揚(지양)하고 天上의 理想的 형태를 갖춤으로서 '天上의 풍요'를 이미 갖추고 있고 그에 따라 남성은 여성을 마치 의식주의 풍요를 갈망하듯 원하게 된다고 한바 있다.

여성은 남자라면 노력을 하여 얻을 수 있는 세상에서의 가치를 이미 어느 정도 가진 자이다. 사람들 각자는 태어나는 조건에 따라 기득권에 차이가 있다. 남성이 활동에 의한 재화생산 등에서의 잠재력을 더 가졌다고 할 수는 있지만 여성은 일정수준 남성보다 '이미 더 가진' 상태에서 인생을 시작하게 된다. 이에 따라 젊은 남성이 젊은 여성과 함께하기 위해서는 통상적으로 많은 노력이 필요하다. 젊은 남성은 특별한 상속자가 아닌 바에는 아직 가진 것이 없는 반면에 여성은 이미 '가진 자'의 위치에 있기 때문이다.

여성의 미덕은 가진 자의 시혜와 마찬가지로 평가되어야 한다. 이러한 남녀의 차이를 외면하는 현실좌파의 성관념으로는 인류사회의 발전에 적합하게 맞추는 성관념의 올바른 진보를 실천할 수가 없다. 성전환지원등 극단적인 성관념은 용인하려 하면서 그보다 온건한 성관념의 진보는 외면하는 것은 그들의 진보주의가 허구이고 권력의 교체만이 목표이기 때문이다. 美女를 접촉할 특권이 소수 승리자에게만 있는 현실은 결코 진보적인 사회가 아니다.

Ⅳ. 이념과 사회가치관

현실진보세력 성관념의 진보化 외면

　현실좌파는 약자인 여성의 권익을 옹호한다는 구실로 性에 관한 엄격한 규제를 선호한다. 그러나 사람사이의 상대적인 강약이 체력으로 판별되는 것은 제한적인 경우뿐이다. 그보다는 상대를 원하는 자와 상대를 아쉬워하지 않는 자의 관계가 강자와 약자의 갑을관계를 설정한다. 남자는 여자를 그 자체로 원하지만 여자는 생활적 목적을 배제하면 남자를 비교적 절실히 원하지는 않는다. 남성의 여성을 향한 욕구는 가난한 자의 부유한 자에 대한 동경과 같은 관점에서 보아야 한다.
　가진 자의 재산을 빼앗는 것이 범죄가 되는 것은 빼앗는 자 자신의 영적타락 이외에도 가진 자가 자신의 소유물로 시혜를 베풀어 존경을 받고 덕을 쌓을 기회를 없애기 때문이다. 여성에게 사랑을 베푸는 만족감을 주지 않고 베풂에 대한 감사도 표하지 않으면서 여성의 가진 것을 빼앗는 것은 같은 원리로 범죄가 된다.
　여자가 무거운 것을 들고 가거나 기타 혼자서 벗어날 수 없는 곤경에 처했을 때 남자가 방관하고 있다면 비난의 대상이 된다. 이럴 때 남자가 여자를 도와주는 것은 그것이 반드시 즐거워서가 아니라 함께 사는 세상에서의 의무이기 때문이다. 남자가 도움을 주면서 받는 고통보다 여자가 도움을 받아서 얻는 혜택이 훨씬 크기 때문이다.

3. 이념과 性別

 마찬가지로 남녀가 접촉되었을 때 여자가 받는 불편함보다는 남자가 얻는 위안이 훨씬 큰 경우가 있다면 공동체의 삶에서 항상 자기본위로만 살아가는 것이 정당화되기 어려울 수 있다.

 자선(慈善)과 시혜(施惠)는 효과적인 분배에 그 행위의 근거를 둔다. 많이 가진 자가 일부를 덜어냄은 그다지 손실이 되지 않지만 적게 가진 자는 그로인해 큰 혜택을 입도록 하는 것이다. 한편에게는 피해가 되고 다른 편에는 이득이 되면서 전혀 그 행복의 총량이 증가되는 것이 아닌 일방적 희생의 경우와는 다른 것이다.

여성의 관용은 가진 자의 시혜와 同一

 좌파지식인사회에서는 여성혐오라는 사회문제를 굳이 그런 두드러진 현상이 나타나지 않았을 때도 거론하기를 즐겨한다. 만약 그러한 것이 있다면 남성의 경쟁사회에서 밀려난 자들이 멀어진 여성을 갈망하기를 이윽고 포기하고 증오로 바뀌는 현상이라고 할 수 있을 것이다.

 이보다는 더 있을 수 있는 사회문제는 부자증오 현상이다. 만약에 단지 부자라고 증오하고 해를 끼치는 사건이 일어난다면 분배정의가 실종된 것을 원인으로 진단하고 사회는 고민했을 것이다. 단지 부자의 보호를 강화하자는 주장만 있지는 않았을 것이다.

 길에서 한 위풍당당한 고급차가 지나간다고 하면 가난한

Ⅳ. 이념과 사회가치관

사람은 어떤 생각을 할까. 저 차는 비록 아름답지만 나와 같은 사람과는 거리가 먼 존재이며 (도보중이든 혹은 중소형차를 운전하든) 단지 나의 길을 방해하고 정서적으로 위화감을 주는 존재일 뿐이다. 혹시 차에 흠집이라도 낸다면 과도한 변상(辨償)으로 봉변을 당할 수도 있으니 안 나타남만 못하다. 저런 차를 몰고 다니는 자들이 아예 없다면 내 삶의 기분이 더 낫겠지만 어찌할 힘이 없으니 그저 두고 보기만 할 뿐이다. … 이런 생각을 하지는 않을까.

하지만 만약 사회인식이 달라져서 고급차는 지나갈 때마다 주위의 사람들에게 우호적으로 동승을 권유하며 혜택을 주는 존재가 된다면 사람들은 고급차를 보기를 즐겨하고 반기게 될 것이다.

길에 美女가 지나간다고 할 때 보통의 남자들이 저 여자는 우리와 상관없는 부유하고 지위 있는 누군가를 위해 있을 뿐이고 우리와는 상관없으며 혹시라도 가까이에서 무슨 실수라도 하면 쇠고랑이나 찰 것이니 나타나는 게 반갑지도 않다 … 생각한다면 이 역시 잘못된 것이다. 美女가 모든 이들에게 어려움 없이 환영받고 행복을 줄 수 있는 환경이 된다면 그것이 정말 행복한 사회이다.

물론 승용차의 외관이 소박해도 탈 수 있다면 혜택을 볼 수 있다. 세칭의 美女가 아니더라도 여성과의 가까운 접촉은 남성에게 행복감을 줄 수 있다. 오히려 신체접촉은 죄악시하면서 오직 얼굴 보는 것만이 허용되기에 여성의 외모에 의한 차별이 심해지는 결과가 일어난다.

3. 이념과 性別

 빵을 훔쳐 먹는 도둑이 많아질 때 빵을 가진 자가 대처해야 할 방도는 두 가지가 있다. 힘을 가진 자를 고용해서 빵을 빵도둑으로부터 지키는 것 즉 사회적 처벌법규를 엄하게 해서 빵도둑을 줄이는 길이 있다. 한편으로는 적당량의 빵으로 시혜를 베풀어서 사람들이 굶주려 빵을 훔치기까지 내몰리는 상황을 줄이는 길이 있다.

 여성을 향한 성추행 등의 성범죄가 빈번할 때 여성은 성범죄자들보다 더 강한 남성들의 힘을 빌어 그들을 억제하는 것 즉 성관련범죄 처벌법규를 강화해서 성범죄를 줄이는 길이 있다. 반면에 여성의 존재를 적당수준 개방함으로써 여성 그 자체와의 격리 때문에 고통을 겪는 자들을 구제하여 성범죄를 줄이는 길이 있다.

 계급혁명으로 부자의 가진 것을 빼앗는 사회는 불행하다. 부자에게서는 얻어간 만큼 존경을 되돌려 주어야 한다. 여성의 가진 것을 함부로 빼앗는 사회는 불행하다. 남자에게 存在로서 베푼 여자에게는 그만큼의 존중을 돌려주어야 한다. 관련해서 헤프다느니 하며 비난하는 통념은 여성이 특정남성의 소유물이었던 봉건시대의 잔재이다. 부자가 가진 것을 베푸는 사회는 행복하다. 이를 위해서는 가진 것을 베푸는 부자를 존경해야 한다. 여성이 가진 것을 베푸는 것에 그만큼의 칭찬과 존경이 따르는 사회이면 행복지수는 높아진다.

 여성지위향상은 여성에 대한 복지의 절대적인 향상이 되어야 하는 것이지 왜곡된 상대적 지위의식으로 인한 남녀관계의 경색이 되어서는 안 된다. 과거의 귀족계급의 여성 혹은

Ⅳ. 이념과 사회가치관

귀족남성의 관할 하에 있는 여성은 외간남자와의 사소한 접촉도 금기시 될 정도로 처신을 조심해야 했으며 그만큼 해당 계급의 여성에게 접촉하여 심기를 불편하게 하는 남자가 있으면 엄한 처벌을 받아야 했다. 오늘날 여성의 지위가 상승되었다고 해서 오늘날의 여성이 과거의 귀족여성을 방불케 하는 순결관으로 남성과의 관계를 관리하려 한다면 그것은 사회를 경직시키고 여성자신의 진정한 지위향상에도 도움이 되지 않는 것이다.

여성의 활동이 많아진다고 하여 공중화장실 등에서 여성에게 더 좋은 시설을 제공하는 것을 법률적으로 강제하는 것은 공식적인 신분차별행위이다. 균등의 원칙으로도 얼마든지 당면문제를 해결할 수 있지만 권력에 의한 이른바 여성행복 우선하기는 권력자입장에서의 자기만족과 신분고정사회를 위한 중하층 남성 기죽이기 등의 효과가 있어 쉽사리 실행되는 경향이 있다.

과거 미국과 남아공 등에서도 백인은 범죄율이 높은 흑인과 공공시설을 함께 사용하기를 꺼렸다. 물론 흑인측은 함께 사용하는 것을 거부하지 않았지만 백인들이 원치 않으니 시설을 분리할 수밖에 없었다. 이들 나라들도 함께 사는 관용이 필요한 오늘날에는 백인과 흑인의 신분차별에 따른 분리를 하지 않고 있다. 남녀의 공공시설사용의 분리도 사회가 진보됨에 따라서 해제될 수 있는 관습이다. 물론 진보주의표방 일각에서 남녀의 兩性 말고 中性도 있으니 남녀구분을 하지 말자는 주장에 따른 것과는 다른 차원의 것이다. 중성인정의 주장에 따라 공공시설분리를 폐지하는 것이 아니라 포용성 있는 함께 사는 사회가 되는 의미로 그리로 나아가야 한다는 것이다.

4. 이념과 장애인복지

장애인복지와 이념과의 문제는 굳이 별개의 항목으로 추가되어야 할 것이 아니라 할 수 있는 것이지만 근래 한국사회에서는 전장연(전국장애인연합회)의 출근길 지하철시위가 이슈가 되었고 이에 대한 보수와 진보 정파의 대응이 조금씩 달랐기에 짚고 가야하는 항목이 되었다. 전장연의 출근길 '투쟁'은 일반 사람들에게 '큰 불편'을 주어 지지여부를 떠나 관심 그 자체를 불러 일으키는 효과를 기대한 것이었다. 국민 중에 '장애인혐오' 그룹을 형성시켜 투쟁대상을 확대하는 효과가 기대되었으나 국민 다수는 비록 불만과 비판은 있더라도 '양심의 가책'을 넘어 혐오감정을 동시다발적으로 표출할 정도에는 있지 않아서 확대이슈화되지는 못했고 지하철 무정차통과로 해결된바 있었다. 이것은 진보를 표방하는 사회운동 세력이 오히려 국민일반의 현재수준을 노골적인 장애인혐오의 집단적 표출이 기대되는 정도로 낮게 추측한 것에 따른 사건이었다.

장애인이 전혀 불편 없이 살아야 하는 사회

Ⅳ. 이념과 사회가치관

 진보주의는 장애인이 전혀 불편 없이 살아야 하는 사회를 추구한다. 장애인이 불편 없이 살 수 있는 세상은 좋은 세상이다. 더구나 신체 등 탄생조건의 영향을 최소화하여 地上을 靈界나 天國에 가까이 두려는 진보주의로서는 중요시 할 것이기도 하다.

보수, 인간의 태어남의 이유 존중

 보수적인 관점에서는 아직도 인간은 자기의 탄생조건과 운명을 통해 자기영혼의 수련을 해야 한다고 보고 있다. 인간의 상황조건은 무엇이든지 그 의미를 존중받아야 할 것이니 장애인의 상황도 그것을 아무 의미도 없는 것처럼 돌리는 것이 최선은 아니라는 것이다.
 남아공의 장애인 스프린터 피스토리우스는 장애를 가졌음에도 일반인 경기에도 참가하고 여러 스포츠를 즐기곤 했다. 이것을 보면 그의 영혼본성은 매우강한 활동성을 가졌음을 추정할 수 있다. 누구도 토를 달 수 없는 칭송을 받으며 승승장구하던 그는 애인살해사건으로 추락했다.
 그가 매우 활동적인 본성을 가졌음에도 적합한 육체를 갖지 못했음은 우연이 아닌 것이다. 그의 前生들은 지나친 활동성이 난폭함으로 이어져 많은 문제를 야기(惹起)했을 것이다. 이에 따라 이번 生에서는 난폭한 성격을 절제하여 영혼을 순화하고자 장애를 갖기를 천상에서 자청(自請)했던 것이다.

그런데 각종 활동적인 스포츠를 즐기며 일반인과 똑같은 생활을 하면서는 차분하게 자신을 돌아보며 마음을 수련할 기회가 많지 않게 된다. 더구나 그 활동성이라는 것도 과거의 생에서는 적(敵)과의 격렬한 살육 전쟁이 대부분일 것이다. 따라서 敵을 향한 폭발적인 공격성도 거의 개선되지 않는 상황에서 (평소 좋아하여 보유하고 있던) 총기로 범행하는 사고가 일어난 것이다. 결국 남자로서의 수련을 하고자 태어났으나 거부하여 이번 생을 '헛되이' 보내는 하리수처럼 피스토리우스도 이번 생에서 마땅히 수련하고 배워야 할 과제를 제대로 얻지 못한 것이다. 인간의 지상에로의 태어남에서 최대한의 의미를 찾고 영적구원을 중시하는 것이 보수주의이다.

5. 이념과 스포츠

스포츠는 그 자체로 보수적인 것이다. 인간이 육체를 가지고 세상에 태어난 기회를 최대한 살려 바로 그 육체를 단련하여 활용함으로써 영적단련이란 궁극적 목표를 향해 나아가는 것이다. (축구 선수는 축구로 구원 받는다. - 차범근) 성취를 인간이 심사평가하는 종목도 있지만 인간에 의한 평가의 한계를 극복하고 상대평가인 승부가리기로 성취를 확인하고자 하는 종목이 다수이다.

Ⅳ. 이념과 사회가치관

생존경쟁의 수련을 지상의 범위에서

스포츠는 인간사회가 아무리 진보되더라도 여전히 남을 수밖에 없는 원시우파적 자취이기도 하지만 과거에 地上과 天上(靈界)을 오가면서 각축을 벌였던(살육전을 했던) 인간영혼들이 이제는 경기장을 지상세계의 축소판으로 삼아 지상에서의 생사쟁투(生死爭鬪)를 경기장에서의 승부로 대치(代置)하는 것으로서 경기장에서 패배하더라도 지상에서 살아남고 곧바로 다음의 기회가 주어진다. 이렇게 땅에서 (정말로 생사의 결투를 해서 지상을 떠나며 천상을 오가는 것이 아닌) 생존경쟁을 통한 영적단련효과를 상당부분 흡수한다는 것은 하늘의 뜻이 땅에서 이루어지는 과정의 하나이기도 하다.

문재인 정부에서는 '인문학교양이 높은' 정치인 법조인 언론인의 잣대로 체육인을 매도하고 단죄하곤 했다. 인문학을 충분히 배운 정치인 법조인 언론인의 잣대로 '인권을 무시했다'며 체육인을 평가하고 핍박함은 안될말이다.

다음과 같이 스포츠의 주제를 사용하여서도 理念에 관한 理解를 도울 수가 있다.

'세기의 졸전'의 책임은 복싱경기운영제도에 있다
〈스포츠월드〉 2015-05-06

지난 일요일(3일) '세기의 대결'이라고 하며 기대를 모았던 메이웨더와 파퀴아오의 복싱경기가 '세기의 졸전'이라며 비난의 대상이

5. 이념과 스포츠

되고 있다.

복서라기보다 사업가(메이웨더)와 국회의원(파퀴아오)의 이미지관리에 복싱팬이 놀아난 것이라고 한다. 국내에서는 무료중계였으니 실망한 팬들은 불평하는 인터넷 댓글만 쓰면 그만이겠지만 11만원의 시청료를 납부하고 본 미국의 팬들의 심정은 어땠을까 상상이 간다.

그런데 복싱이든 축구이든 엄밀히 말해서 재미없는 경기는 경기당사자들의 책임이 아니다. 영국프리미어리그에서도 종종 감독이 재미없는 축구를 했다는 비난을 받고 감독은 성적관리를 내세워 항변하는 일이 있는데 여기서도 재미없는 경기는 감독의 책임이 아니다. 감독은 팀의 성적향상을 위해 노력하는 것이고 팀들의 경쟁관계에서 재미를 유발하는 것은 경기운영규칙이 크게 작용한다.

결국 이번 '세기의 졸전'의 가장 큰 책임은 복싱경기운영 관계자들이라고 할 수 있다.

정치이념에서 국민과 사회의 의식수준을 높게 평가하는 쪽을 좌파라고 하고 낮게 평가하는 쪽을 우파라고 한다. 좌파는 국민의 양식을 믿고 복지혜택을 확대하면 국민은 생계에 쫓겨만 살지 않고 더 높은 인생의 가치를 추구하며 행복하게 살 수 있을 것이라고 믿는다. 우파는 복지가 과다하면 국민이 나태해지니 생업의 긴장이 있어야 근면성실이라는 인간의 기초적 덕목이 길러질 수 있다고 믿는다. 양쪽 다 일장일단이 있으므로 현재 국민과 사회의 발전수준을 잘 파악하여 알맞은 정도로 정책을 수립하는 것이 현명한 정치인의 할 일이다.

마찬가지로 운동경기의 운영정책도 선수의 '수준'을 제대로 파악하고 설정하여야 올바른 경기를 유도할 수 있는 것이다.

복싱은 서로 무사히 경기만 치르면 승패와 관계없이 대전료가 보

IV. 이념과 사회가치관

장된다. 복서라면 반드시 승리를 원할 것이니 선수는 당장의 돈에 구애됨이 없이 명예를 위해 최선을 다할 것이라는 좌파적인 믿음에 말미암은 것이라고 볼 수 있다.

문제는 복서가 복싱당국자들이 생각하는 만큼의 그런 고상한 이상주의자들이 아니라는 것이다. 메이웨더는 머니웨더라는 별명이 있듯이 고액의 돈벌이에 자신의 가치를 얹고 살아가는 자로서 선수생활도 마무리되어가는 마당에 굳이 위험을 무릅쓴 경기를 할 필요성이 없었다. 파퀴아오는 이미 복서로서의 명예보다 더 큰 명예를 따르는 자로서, 부상이 있었다고 해서 경기를 취소 혹은 연기하고 자신의 정치인으로서의 기반인 고액의 대전료를 포기한다는 것은 있기 어려운 일이었다.

이번의 경기로 해서 두 선수는 정정당당한 대결의 실현이나 복서로서의 영원한 명예 등의 '고상한 가치'보다는 거액의 돈을 우선하는 소인(小人)에 불과함이 확인되었다. 그런데도 복싱의 경기규칙은 이들의 수준에 맞는 경기운영을 하지 않고 이들의 수준을 과대평가하여, 일단 계약만하면 대전료를 보장하는 제도를 계속 유지한다면, 마치 현대 공산주의사회의 몰락처럼 복싱의 몰락은 필연일 것이다.

스포츠로 사회갈등 최대한 흡수해야
〈스포츠월드〉 2015-06-02

얼마 전에 국내 중요 일간지는 '스님은 축구광, 사제는 야구광?'이라며 성직자들이 승부를 가리는 스포츠를 즐긴다는 사실을 보도했다.

성직자도 대중과의 소통이 기본이기 때문에 대중이 즐기는 심정을 이해하고 함께 하는 것은 물론 바람직하다. 그런데 만의 하나 성

5. 이념과 스포츠

직자가 스포츠게임에 빠져든다면 이것은 도리어 수도(修道)가 충분하지 못하다는 것이 될 수 있다. 수도자라면 이 방법을 빌리지 않더라도 인생의 성취를 추구하고 감득(感得)할 수 있어야 할 것이다. 승부를 가리는 게임스포츠는 인간의 성취욕의 목표를 단순화하고 성과를 과장되어 느끼게 하는 효과가 있다. 경기 후 (실질적이지 않은) 승리에 열광하고 뿌듯해하는 것으로서 인간은 성취욕을 충족한다.

게임스포츠의 이러한 성격은 오히려 인간사회에 넘치는 투쟁에너지를 흡수하기 위한 수단으로서 유용하다. 현실에서 심각한 상처를 남길 수 있는 '진짜싸움'을 스포츠로 대치시키고 정말로 필요한 경우만으로 최소화 시켜야 하는 것이다.

우리 사회에 만연해 있는 불필요한 '진짜싸움'을 최소화할 필요는 존재한다. 여야 정치진영은 국가전반의 연금제도 등 국가전체의 방향에 심각한 영향을 끼치는 중요한 문제에는 서로의 입장을 '존중'하며 적당수준으로 타협할 수 있으면서도 정작 그보다 작은 사안에 관해서는 극한투쟁과 대립으로 국력을 소모하기 일쑤다.

법조계에서는 한쪽에서는 재벌의 비리를 폭로하고 정직한 사회를 만들겠다며 크게 터뜨리는 듯했지만 반대편에서는 상황논리로 맞받아, 결국 재판은 용두사미로 끝나게 되면서 양쪽은 '대전료'만 얻을 뿐이었다.

이들 '진짜싸움'들은 결국 우리사회의 향방에 큰 영향을 주는 결과는 없이 과정상의 흥미(?)와 참가자의 대전료만 제공되는 성격의 것이다. 이러한 우리사회의 잉여에너지는 스포츠로 흡수해, 비록 가상(假想)의 성격이 있지만 정정당당히 대결하도록 하고 '진짜싸움'은 꼭 필요하게 나라의 향방을 정할 때에만 총력을 기울여 수행해야 할 것이다.

Ⅳ. 이념과 사회가치관

 근래 스페인에서는 주민투표를 통한 카탈루냐지방의 독립운동이 일어나자 스페인축구협회는 카탈루냐의 독립시 바르셀로나는 프리메라리가에서 퇴출된다고 못박았다. 막상 축구경기를 할 때는 스페인 중앙정부에 대한 반감으로 바르셀로나팀을 응원하며 기분을 풀었던 카탈루냐 사람도 독립해 바르셀로나 축구팀이 '낙동강오리알'이 되고 마는 것은 당혹스러울 수밖에 없었다. 결국 '실속 없는' 독립보다는 계속 바르셀로나 팀의 선전(善戰)을 응원하는 것으로써 중앙정부에 대한 불만을 해소하는 것으로 주민의 마음을 돌릴 수 있었다. '진짜싸움'이 될 수 있는 민족적, 정치적 갈등을 스포츠라는 '가짜싸움'으로 대치한 좋은 예라고 할수 있다.
 우리의 경우도 아직도 지역감정 등이 남아있다면 되도록 스포츠로 흡수해야 한다. 그런데 지역대립이 비교적 강한 지역 간의 라이벌전은 그다지 발전하지 않고 있으니 아직도 정치세력 등에서 그 '대립에너지'를 붙잡으려 하는 것인지 모르겠다.

 스페인이 통합을 지키고 카탈루냐의 독립을 저지하는 데에는 경찰의 강력진압보다도 프리메라리가를 최고의 축구리그로서 지키고자하는 팬들의 희망이 더 큰 힘이 될 것이다.

6. 이념과 동물애호

 동물의 미담 등을 보다보면 꼭 우려되는 게 있다. 거기에 나쁜 사람이 나오지도 않았는데 십중팔구 세상에는 동물보다 못한 인간이 있다느니 하며 사람을 욕하고 저주하는 댓글이 달리는 것이다.

6. 이념과 동물애호

이렇게 동물을 빙자(憑藉)하여 사람을 증오하는 것은 흔한 경우가 되어 버렸다. 어느 쪽을 사랑하고 어느 쪽을 증오하는 것은 자유이지만 우주에서의 영적인 비중을 따져볼 때 동물을 사랑한다 해도 동시에 인간을 증오한다면 결코 우주에 긍정적 영향을 주는 정신상태 라고는 볼 수 없을 것이다.

어찌해서라도 세상에 변화를 주려는 일부 집단의 행위는 그간 약자의 편에 선다는 과선(誇善)에 바탕을 두고 여성과 어린이를 수단으로 삼아 남녀역할의 동일화 그리고 어린이와 청소년의 뜻에 따르는 교육 등을 주장하며 많은 모순적인 문제를 야기해 왔지만 이제는 동물에까지 그 손길이 뻗친 것이다.

동물사랑은 인간이 어느 정도의 생활수준이 된 다음에 가능한 것이므로 진보적인 것이다. 인간의 선함을 증명하는 한 척도이기도하다. 다만 현실을 도외시한 좌경화의 부작용에서 동물사랑도 예외가 되지 않는 것이 되고만 것이다.

애완동물을 좋아하고 삶의 반려자로 삼는 것은 개인의 성향에 따른 자연스러운 인생행보이다. 설령 애완동물에게 베푸는 정성이 사람에 준하거나 넘치더라도 그것을 두고 타인이 비판할 수는 없다. 그런데 근래는 일부 애완동물 愛好人이 자기만큼은 애완동물을 사랑하지 않는 다른 애완동물 소유주 등에 대하여 지나치게 도덕적 우월감을 갖거나 비방하는 경우가 잦다.

인터넷에서는 유기견의 문제를 부각시키며 애완동물을 버린 자를 비난하는 글을 쉽게 볼 수 있다. 이렇게 한번 맡은

Ⅳ. 이념과 사회가치관

동물이라면 평생 책임지라는 윤리적 요구가 강해지고 있다.

애완동물을 소유함은 자식양육과도 같이 세상에서 자기를 따르는 下位의 존재가 있음으로 해서 세상에서 말단이 아닌 자기의 上位의 位相을 확인하는 효과가 있다. 그런데 자식양육은 무거운 책임이 따르는 반면에 비슷한 효과를 얻으면서도 책임이 중하지 않은 것에서 애완동물사육은 장점을 가진다.

사실 인간의 아이에 관해서도 과거에는 부모에게 과중한 책임은 있지 않았다. 그 때는 아이의 수가 마음껏 늘어났지만 지금에 이르러 각종과외수업 등 남들만큼 좋은 환경을 제공하지 않으면 안 되는 막중한 부담 때문에 아이는 줄어들었다.

인간의 아이도 부담 때문에 줄어드는 상황에서 애완동물의 사육부담이 커지면 대중이 애완동물과 접하고픈 욕구를 제한하게 된다. 애완동물이 기르기 까다로워지면 동물의 영혼이 저들의 목적을 위하여 지구상에 태어날 권리도 억제된다.

애완동물사육은 사랑을 내려주고픈 욕구를 해소하기 위해 높은 문턱 없이 개방되어야 한다. 기르다 부담되면 큰 비난을 받지 않고 포기할 수 있는 길을 열어주어야 애완동물의 존재의 의미도 살릴 수 있을 것이다

사육동물과 인간과의 인연관리

이미 인간과 깊은 인연을 맺고 있는 사육동물(가축)이 있지

만 본래 야생이었다가 인간에 의해 사육되는 동물들도 있다. 이들에 관하여는 자연으로 돌려보내야 한다는 소리가 적지 않다. 박원순 前서울시장이 많은 예산을 들여 사육중인 돌고래를 放生한 것은 유명한 이야기이다.

가축의 번성은 인간에게 길러짐으로서 개체 수를 늘려 저네들이 지구상에 뿌리내리기 위한 수단이다. 동물은 인간과의 인연을 통해서 그들 존재의 발전을 꾀한다.

인터넷에는 태국에서 코끼리에게 일을 시키는 것을 비방하면서 관광도 하지 말자는 목소리가 있다. 그런데 인간끼리의 노예관계도 수천년을 겪었는데 코끼리와 인간의 인연을 서둘러 끊어야 할 것인가. 노예는 나쁜 주인을 만날 수도 있지만 좋은 주인을 만날 수도 있다. 우선은 좋은 주인이 되게 하는 것이 중요하다.

7. 이념과 자연보호

자연보호는 진보주의 개발사업은 보수주의?

천성산(千聖山)의 도롱뇽을 구하기 위한 한 여승의 단식투쟁은 유명하다. 경제적 피해를 가지고 비난하자는 것은 아니다. 왜 자연보호는 진보주의이고 工事의 진행은 보수주의로 인식되고 있는가의 해명이 필요한 경우이다.

생명존중이라는 理想을 실현하기 위하여 개발을 막고 자연 그대로 살아가자는 것은 얼핏 인간의 생활을 원시시대로 돌

Ⅳ. 이념과 사회가치관

리자는 것 같아 진보라는 관념과는 다른 것처럼 보인다. 하지만 진보이념이라는 것은 절대적인 진보를 추구한다는 것이 아니라 현재 인간세상의 상태를 실제보다 진보된 것으로 보는 상대적이고 주관적인 사상이다. 이럴 때 적용되는 진보사상은 현재 우리 인간의 사회가 충분히 진보되어서 현재의 살아가는 환경에 만족할 수 있으니 구태여 더 잘 살기 위해 자연을 파괴하며 개발 사업을 할 필요는 없다는 것이다.

물론 비판적으로 볼 때 현재 우리의 사회가 과연 만족할 만한 풍요를 누리고 있는가에 의문이 난다. 그러한 풍요가 충분하지 않더라도 있는 그대로의 물질에 만족하고 다른 정신적 가치를 추구하면 되지 않느냐고 할 수 있지만 중생이 모두 해당 승려와 같은 영적수준이 되지 못하는 상황에서 그러한 수준의 가치관을 사회전체에 요구하기는 어렵다. 인생을 어느 교과목의 수업이라고 비유하면 고등학생 수준에 있는 자가 초등학생 수준에 있는 자에게 열심히 공부하여 어서 고등학생이 되라고 권할 수는 있다. 그러나 고등학생이 초등학생에게 당장 고교과정을 공부하라고 강요할 수는 없는 것이다.

모든 진보적 사상의 주장은 그러한 사상을 받아들일 만큼의 사회성장 즉 대중의 소양수준의 격상을 위한 노력이 전제되어야 정당성이 있다. 한글전용의 어문정책으로 대중의 수준을 낮추고 있는 한국의 현실진보세력이 주장하는 각종의 진보적인 사회제도 상당수가 실현성이 없고 부작용만 우려되는 것은 이런 때문이다. 그럼에도 대중은 그동안 교육받아온

7. 이념과 자연보호

'상부의 지시사항'이기에 대부분 무비판적으로 그대로 따르고 있는 실정이다. 한나 아렌트(독일, 1906~1975)는 "선한 사람들이 스스로 악한 의도를 품지 않더라도 당연하고 평범하다고 여기며 행하는 일들 중 무엇인가는 악이 될 수 있다"고 했다. 우나무노가 내린 善의 定義에 따르면 대중이 知的向上을 외면하여 의식의 영속과 의식의 풍요성에 공헌하지 않는 것은 곧 惡이 된다. 흠잡을 데 없는 일반 사람들이 다만 줄곧 받아온 교육이 그렇고 현재의 문화계를 비롯한 사회 권력층이 그렇게 요구한다고 해서 惡에 동참하는 현실은 한나 아렌트의 '惡의 평범성'論이 현실화되는 전형적인 경우이다.

개발공사의 진행은 아직 우리사회가 충분히 물자부족의 걱정 없이 잘 사는 상태가 아니므로 더 많은 개발공사를 진행하여 우리사회의 물자를 풍요롭게 하고 이윽고 물자의 획득을 제일의 목적으로 추구하는 사회가 아닌 善行의 교류를 제일목적으로 하는 사회가 되는 길을 열자는 것으로서 일단은 보수주의적인 관점이다. 그런데 고속철 등 교통 환경의 향상을 위한 각종 공사의 추진에 관해서는 인터넷 정보전송이 발달된 지금 사람이 빨리 오가는 교통수단의 필요성이 절대적인 가치가 아닐 수 있다. 혹시 첨단기술의 활용 그 자체가 수요를 창출하는 것이 아닐까도 한다.

국토의 근간이 되는 산맥 등을 뚫고 직선도로를 곳곳에 설치하는 것은 이 땅의 정기(精氣)[61]를 바꾸는 것이 된다. 이런

---

61) 만물에 깃든 영혼의 주파수의 수준은 인간 동물 식물 광물의 순서로 된다. 광물 즉 땅에 깃든 영혼은 가장 낮은 것이기는 하

Ⅳ. 이념과 사회가치관

경우 자연의 보전(保全)이 보수주의가 되고 공사의 진행이 진보주의가 되는 것이 오히려 자연스럽다. 이러한 관점을 理念의 定義에 대입시키면 아직 이 땅의 환경에서의 영혼성장 교과과정을 충분히 많은 영혼들이 수료하지는 않았으니 더 오래도록 이 땅의 영혼교육환경을 지켜야 한다는 것이 보수주의이다. 반면에 이제 이 땅이 제공하는 영혼성장교육과정은 이미 이수(履修)한 영혼이 충분히 많아서 세상은 한 단계 다음의 미래세상으로 변화되어야 하니 그간하지 못했던 다른 방식에 의한 영혼수련을 실시하거나 아예 다른 영혼들을 위한 새로운 교육환경을 열어야한다는 것이 진보주의이다.

만약에 정보통신이 교통수단보다 먼저 발달했다면 사람들이 구태여 오가지 않아도 많은 일이 처리 가능해져서 교통수단은 오늘날만큼 발달하지 않았을지도 모른다. 정보통신이 교통수단보다 후에 발달한 것은 교통수단의 개발을 게을리 하지 않게 하려는 神의 계획일 수 있다. 그럼에도 오늘날 정보전송이 발달한 것은 인간이 급히 오갈 교통수단의 필연성을 줄이는 것이다. 마치 오늘날 유전자검사기술로 친자확인

나 임재(臨在)가 오래 지속하면서 그 땅에 방문하는 인간영혼 등의 흐름에 영향을 줄 것이다. 이것이 그 땅의 精氣이다. 精은 靈의 낮은 부류로서 물의 精靈 숲의 精靈 등으로 불려진다. 흔히 마음을 뜻하는 精神은 부분적 요소이며 육체의 영향을 받는 精(인간의 몸도 광물과 같이 물질이므로 몸 그 자체의 精靈 또한 존재한다)과 주체적 요소이며 육체의 상위존재인 神을 함께 말하는 것이다. '神靈과 眞情으로 예배하라'(요한福音4:23)는 말에서의 神은 이런 뜻이다.

8. 노동 환경 인권 여성은 모두의 가치

이 가능해짐으로 해서 남자들은 여자를 소유하려 하지 말고 여자들은 남자와의 접촉을 죄악시하지 말라는 진보적인 성도덕관념이 가능하게 된 것처럼 정보통신의 발달은 교통의 감소에 기여해야 정상이라 할 것이다. 교통필요성의 감소는 곧 직선도로 건설의 필요성을 감소시켜 자연보전에 보탬이 될 수 있다.

8. 환경 인권 노동 여성은 모두의 가치

이제까지 환경 인권 노동 여성이라는 좌파교조 가치에 관한 문제점을 다루어보았다. 노동에 관련해서는 노동자 옹호라는 교조적 가치에 매여 고액의 안정된 봉급생활자가 축적된 재산을 개인의 복지에만 사용하고 타인을 위한 자본으로 전환하지 않아도 노동자라는 신분으로 여전히 권익보호대상이 되어 소득의 양극화를 더해간다는 사실을 말했다. 여성에 관련해서는 여성은 약자라는 교조에 매여 사회의 인간관계를 경직화라고 성적소외계층을 양산함을 말했다. 인권에 관련해서는 국민사회수준이 높지 않은 상황에서 범죄의 형벌에 좌파적 관용을 남용하여 흉악범죄의 증가를 가져온다는 사실을 말했다. 환경에 관련해서는 인간사회의 복지향상을 막는 결과를 가져올 수 있음을 위에 간략히 다루었다.

그러나 환경 인권 노동 여성이라는 주제어는 그 자체가 문제성을 내포하고 있는 것은 아니다. 오히려 인류사회 모두가 중시해야 할 가치의 집약이다. 노동을 중시하는 것은 인간이

Ⅳ. 이념과 사회가치관

현생에 태어난 사명을 중시하여 인간이 생애동안 할 수 있는 최대의 능력을 발휘하여 영적성장을 이루도록 북돋아주어야 함을 의미하며 이는 사람의 태어난 환경에 따른 상속재산 등에 최대한 영향 받지 말아야 하는 것이다. 여성을 중시하는 것은 지상에 더 많은 활동을 하도록 내몰려진 존재인 남자들이 그 성과를 地上에서 天上의 代理人(天使) 역할을 하는 여자에게 바치는 것을 정당화하는 것으로서 역시 세상의 창조원리에 부합(符合)한다. 여자의 행복이 남자의 행복보다 우선해야 한다는 것까지도 동의할 수 있는 주제이나 다만 여성에게 행복을 우선해서 부여하는 주체가 개개인의 남자들이어야지 국가제도상의 권력자가 되어서는 안 될 것이다.

인권을 신장하고 인류의 생활환경을 보전하는 것 역시 모두가 중시해야 할 가치이다. 그럼에도 이들 좌파교조에 관하여 시비가 끊이지 않는 것은 가치관의 현실적용에 따른 문제이다. 교조실천자의 세계관이 넓지 못하면 제한된 범위에서 가치를 추구하기 때문에 범위 밖에서 일어나는 문제점을 보지 못하는 것이다.[62] 정부부처에서 여성부등 이들 四敎條의 관련부서를 필사적으로 지킨다고 해결될 일이 아니다.

인간의 영혼은 생존지향 규율순종 성취지향 관계지향의 단

---

[62] 대표적이고 단순한 사례들이 노동의 가치를 중시한다고 하여 한 회사 내에서의 노동자의 입장만을 보면서 자본가를 대표하는 그 회사 경영진에게서의 이익획득에만 집중하며 그 회사 밖의 더 어려운 노동자들의 상황을 보지 못하는 것이나 여성의 권익을 옹호한다고 하여 김대중정권 시절 여성의 전화 한 통화로도 관련남자를 구속시킬 수 있던 (주병진씨 사건 등) 것 등이다.

8. 노동 환경 인권 여성은 모두의 가치

계를 거치면서 성장하여 세계와 우주를 보는 관점이 높아지고 넓은 범위를 관찰할 수 있게 되어간다. 진보의 이념은 그 지향점에 문제가 있는 것이 아니라 현재 우리사회의 실정이 따르지를 못해서 생겨나는 것이듯이 진보이념의 교조실행도 실행자의 영적수련수준의 미달에 따른 시야의 협소함 때문에 모순이 일어나는 것이다. 지도자는 사회를 판단함에도 항상 넘치지도 모자라지도 않는 중용을 지키며 지도이념의 설정을 해야 하지만 특히 지도자 자신을 판단함에 있어 중용을 지키지 못하면 그것은 국가사회적 재앙으로 결과된다.

V. 영성실현을 위한 이념

1. 종교와 이념

 종교를 이념의 잣대로 보려는 것은 과도한 시도로 보인다. 理念은 종교로부터 神的主體를 배제한 것이니 종교는 그 안에 이념을 포함한 상위개념이기 때문이다.
 하지만 어느 종교의 사회적 영향력에 관해서는 정치적 영향력과 마찬가지로 이념좌표적인 측정을 할 수 있을 것이다.
 동양에서 불교는 과거의 왕정 및 봉건시대 즉 진보정파가 없던 시대에 진보세력을 대신했다고 볼 수 있다. 물론 실제로 진보사회가 가능하도록 백성을 교화하려 노력했다는 것에서 '국민교육'을 등한시(等閑視)하는 현대의 무책임한 진보정파와는 다르다.
 그렇다 하더라도 불교는 '욕심을 버리고' '無所有'를 추구하는 경향이 있어 현실세상에서 재물과 권력을 추구하는 主力 체제를 견제하는 이념은 될 수 있더라도 그 자체로 인류의 지상에서의 생활공동체를 이끌 독립적인 이념은 되기 어렵다. 만약 불교의 이념 그 자체가 지배하는 세상이라면 궁극적으로 인간세상의 소멸로 향한다고 볼 수 있기 때문이다.
 기독교는 유대교로부터 진보하여 '간음한 여성도 용서해줄' 만큼 진보적이다. 이슬람교(回敎)는 도로 유대교의 교리로 회

1. 종교와 이념

귀하여 성도덕에 관한 완고함, 여성의 역할에 대한 제약 등이 있는 보수적인 종교이다. 유대교로부터 진보한 기독교가 이미 있는 중에 왜 다시 그보다 보수적인 회교가 탄생한 것일까.

중세는 지구상 영적존재 쇄신의 시대

중세 이후 지구상의 인구는 크게 증가했다. 지구는 생명이 있는 우주의 다른 여느 행성보다도 혹독한 삶의 체험을 제공하는 곳이다. 지구의 치열한 생존환경이 영혼단련에 효과적이라고 우주에서 정평이 나서 주목을 받아 많은 새로운 영혼이 그들의 지도령의 추천을 받아 지구에 찾아오게 되었다.

그리하여 영적성숙도가 덜한 어린 영혼이 지구상에 새로이 많이 태어났는데 그들이 지구의 지나온 역사에 따른 성과를 무상으로 받을 자격이 있다고 보기는 어렵다. 따라서 이들의 생활을 통제하기 위한 종교가 필요했다. 지구상에 많아진 地球敎科 초급과정의 영혼을 기초부터 효과적으로 수련시킬 필요가 생기게 되어 보수적인 지도규율이 다시 필요했던 것이다.

회교권이 아니라도 중국과 유럽에서도 중세에 이르러 그 이전보다 문화의 퇴보가 있어서 남북조시대의 무도한 살육전쟁과 게르만민족의 대이동침략이 있었던 것은 당시에 전 지구적으로 영적존재들의 쇄신이 있었음을 추측하게 한다. 회교권이 중세시대에 강대국이었다는 것은 영적수준에 맞는 보

V. 영성실현을 위한 이념

수적인 사회규율이 공동체의 번성에 효과적이었음을 보여준다. 현재도 선진국 중에 상대적으로 보수적 통치이념을 채택하는 국가들이 강국의 지위를 유지하고 있는 것과 같다.

현재에 이슬람을 국교로 믿는 국가 중에 선진국은 없다. 부국은 있지만 국민의 노력과 능력으로 된 것은 아니다. 즉 구성원 다수가 초급단계의 영혼인 나라가 이슬람교에 의한 영적성장과정수업을 받고 있는 것이다.

천국에 가면 마음껏 술과 고기와 여색을 즐길 수 있다는 가르침은 어린 영혼에게 더 설득력 있는 가르침으로 다가온다. 다른 문화권의 일부일처제에서 남자는 자기가 원하는 여자와 결혼하면 인생의 가장 큰 성취를 이룬 것이나 다름없다. 이 상황에서 더 이상의 성취동기를 얻지 못하니 많은 남자들이 중년이후 목표를 잃고 방황하거나 분에 넘치는 허황된 목표로 그릇된 삶을 살기도 한다. 인생에서는 여성을 취하는 것 이상의 중요하고 높은 목표가 있음을 이해하는 수준의 輩라야 일부일처제 하에서도 평생 인생목표를 향한 긴장을 유지하며 살아갈 수 있다. 그렇지 않다면 회교권의 일부다처제 하에서 혼인 이후에도 계속 자기관리를 잘하고 모범적인 생활을 하면 더욱 좋은 후처를 얻을 수 있다는 희망을 가지며 사는 것이 영적수련에 더 효과적일 것이다.

여성이 여성의 매력으로 인해 발생하는 프리미엄을 바르지 못한 목적을 위해 전용(轉用)하는 일이 빈번하면 차라리 이슬람 교리의 통제 하에 여성들이 자신의 美를 과시하지 못하고 최소한의 본분에 매여 사는 것이 영적단련이라는 지구상

1. 종교와 이념

의 삶의 목적을 위해서는 나을 수 있다.

우리사회 回敎가 필요 없을 만큼 영적성숙度 충분한가

그렇다고 해서 비회교권 사람들 특히 基督敎徒들이 단지 회교가 아닌 기독교를 믿는다는 것으로 그들보다 높은 영적 수준에 있다고는 단언할 수 없다. 回敎徒보다 높지 않은 영성수준임에도 그들보다 높은 과정의 진보적 영성수업을 받는 상태에서는 문제가 발생한다. 기독교국가 등 선진국 국민의 일부는 구시대 가치관의 통제에서 벗어난 상황을 악용하여 오히려 유대교와 회교의 엄격한 통제하의 삶만 못한 방탕한 삶을 살고 있다. 술담배 뿐 아니라 일부마약까지 허용하는 것은 기독교의 가르침은 아니지만 기독교의 자비에 편승한 것이라고 할 수 있다. 동성애에 對한 관대함도 마찬가지이다. 영성수준이 기독교권보다 못하지 않음에도 회교와 마찬가지로 보수적인 종교인 유대교를 믿는 유대인들이 세계적 영향력에서 우위를 점하는 것은 우연이 아니다.

우리사회의 영적 進化度가 이슬람교 같은 지극히 보수적인 종교가 필요 없이 충분한 영적수련이 가능한 수준인가를 자성해야 할 것이다.

다문화의 이름아래 우리나라에도 이슬람권 이주자가 늘어나고 있다. 정부와 각종 진보적 사회단체는 그들에게 우호적이고 그들의 한국사회정착을 도우려 한다. 회교권에 대한 호의적인 태도는 외국의 진보정파에서도 마찬가지로 나타나는

V. 영성실현을 위한 이념

경향이다. 이처럼 국내외의 진보파가 지극히 보수적인 지도이념을 가진 회교를 두둔하는 것은 이념상의 공감이 아니다. 이는 각국의 소위 진보파가 진정한 진보이념을 추구하는 집단이 아니라 해당 국가사회내의 비주류민족에 뿌리를 두고 있는 집단으로서 그 나라의 체제를 바꾸고 싶어 하는 데서 진보를 표방하고 있음의 증거이다.

미국의 트럼프대통령이 이민규제를 하니까 비판자들은 이것을 인종차별이라고 몰았다. 사실 결과적으로 트럼프의 정책은 미국사회가 계속해서 유럽인종이 다수인 국가를 유지하겠다는 것이고 이민을 두둔하는 측은 계속해서 중남미와 이슬람 출신의 이민자들을 받아들여 결국 기존 아프리카인종과 더하면 과반수가 넘도록 하여 미국사회주류가치의 판도를 바꾸겠다는 의도가 있는 것이다.

한국사회에서도 많은 부작용이 있음에도 현실진보 측이 동남아 및 이슬람권 이민자들의 권익증진에 적극적인 것은 이렇게 이민자들의 수효를 늘려가서 기존의 非漢字文化圈北方人 좌파성향인구와 더하면 결국 전통적 漢字文化圈意識을 갖는 보수성향 인구를 넘어설 수 있다는 계산이며 그 때가 되면 한반도의 국가는 자연스럽게 그전까지 수천년 계속 있어왔던 나라와는 다른 非漢字文化圈의 생소한 國家가 될 수 있는 것이다. 기존의 현실 보수세력도 전통문화의식집단과의 연대가 없이 자유민주주의와 시장경제라는 근대이념만을 의지한다면 판도역전(版圖逆轉)의 시기가 훨씬 앞당겨질 것임을 유의(留意)해야 할 것이다. 특히 이나라와 오천년의 인연을 이어오고 있는 중국대륙을 멀리하면서 해양진출만을 중시한다면 소수자세력에 그칠것이며 안정된 보수정치의 정착은 불가능하다. 비록 625를 통해 오랑캐라 칭한 중국공산당정부와의 전쟁을 치른 바 있지만 우리 민족은 오천년 중국 주류문명사회와 밀접한 관계를 맺어왔다. 우리는 이천년을 미국 없이도 나라를 유지해왔다. 중국이 한국을 괴롭힌 시기는 中國漢族도 마찬가지로 고통받았던 元淸유목민집권 시대일 뿐이다. 대국과 소국이 형식상 평등하게 외교하는 건 유엔이 있는 근대의 일이지 과거에 나라크기에 따른 차별은 당연히 있었던 것인데 마치 수천년 속국으로 핍박받았던 樣하는 것은 잘못이다.

미국의 경우 전통주류와 비주류구성원의 용모의 차이 때문에 국가전복을 위해서는 다른 인종을 유입하는 방법을 써야했지만 한국의 경우는 용모의 차이가 크지 않기 때문에 일찍부터 전통파괴교육을 함으로써 비록 혈연승계는 전통주류세력으로부터 이어왔다고해도 정신은 이미 비주류좌파세력으로 바뀐 젊은 층이 많다. 이것은 나라를 잃은 민족이 자신들의 전통기질과 다른 교육을 강요받음으로써 행복도가 떨어지는 현상과도 같다. 신라 고려로 이어오는 한반도의 전통주류 민족은 그들의 대대로의 기질에 맞는 교육을 받아 정서를 살찌울 권리가 있는 것이다.

2. 국가에는 영혼이 태어날 동기(動機)가 있어야

V. 영성실현을 위한 이념

저출산으로 인한 인구절벽으로 나라의 존립조차 걱정이 된다고 한다. 이런 중에 출산장려를 위한 각종 혜택과 캠페인을 젊은이와 부부들에게 제공한다 해도 효과는 나지 않고 있다. 이른바 헬조선의 피해의식으로 낳아봐야 상류층의 노예만 만들어준다는 생각도 있다.

과거에는 신분이 상민이나 천민이라도 인간의 욕구를 벗어날 수 없어 성교를 했고 피임은 불가능하여 결국 성교의 쾌락의 대가로 낮은 신분이 세습되는 자식을 길러야 했지만 이제는 자식을 기르고 말고는 선택이 되었다. 남들 못지않게 유복(裕福)하게 기를 自信이 있는 경우가 아니라면 남들보다 못한 환경에서 자식을 기르다 이윽고 (물론 모든 경우가 그런 것은 아니지만) 낳아준 것을 원망 받게 되면서까지 자식을 기르고 싶지는 않은 것이다. 정부와 매스컴의 캠페인은 개개인의 국민이 겪는 육아부담을 이기려면 역부족이다.

저출산극복을 위해 수십년 국가예산을 쏟아 부었으나 효과를 보지 못했다는 것은 사태의 본질을 보지 못하는 정책입안자들이 그동안 국가예산을 세금기생충 먹여 살리는 데에만 써왔다는 이야기이다. 세금기생충 또한 정부예산을 지원받으면서 진정한 목적달성보다는 어설픈 진보이념전파에만 힘써왔다.

시대변화를 분명히 선언해야 反轉 가능
- 과거의 산아제한정책 사과해야

2. 국가에는 영혼이 태어날 동기(動機)가 있어야

저출산 해결을 위한 多産캠페인에 앞서 정부가 해야 할 일은 과거의 산아제한정책을 사과하는 일이다. 과거 출산억제를 위한 각종의 굴욕적인 言事로 다산가정자녀와 다산어머니들에게 상처를 주었던 정부는 은근슬쩍 구렁이 담 넘어가듯 가족정책을 변경할 것이 아니라 이제는 정부가 그러한 가치관을 가지고 있지 않음을 天地萬方에 공식선언했어야 했다. 미국의 클린턴대통령이 과거정부의 醫藥品 생체실험을 사과했듯이 정부는 과거정부의 앞날을 내다보지 못한 잘못된 정책을 사과해야 할 것이다. 어떤 것이든지 인류가 과거를 딛고 새로운 길로 가려면 이러한 절차가 필요한 것이다.

아직도 소위 진보언론 들은 노르웨이 스웨덴 핀란드 네덜란드에서 남녀가 완전히 평등하며 남자들이 육아를 맡는다는 것을 주장하며 그들을 본받자고만 하고 있다. 그런데 우리의 보육정책이 그렇게 하려하지 않았던 것은 아니다. 국가의 경제발전수준실정에 따라 알맞은 경제정책이 있는 것처럼 다른 정책도 후진국이 선진국의 제도를 따른다고 선진국처럼 문제를 해결할 수 있는 것이 아니다.

직장여성이 육아와 직장을 병행하도록 보장하려는 각종제도는 상대적으로 전업주부에게 불이익을 준다. 이 때문에 전업주부이면서 아이를 어린이집에 맡기는 경우도 생긴다. 국민모두가 남는 시간을 스스로 효과적으로 활용할 수준이 되지 않은 상황에서 여가시간의 증대는 건전한 국민행복을 보장하지 못하고 있다. 모든 여성이 직장을 다니며 또한 근로를 자발적으로 즐겨할만한 자아실현의 지적노동을 하는 수준

V. 영성실현을 위한 이념

에 이르러있지 않은데 모든 여성이 육아와 직장 일을 병행해야 하는 것으로 여기는 것은 남녀의 구분을 없애려는 좌파 교조주의일 뿐이다.

북유럽처럼 資源이 풍부해 중간수준의 생활이 보장되어 있는 나라와 달리 우리의 실정은 만족한 생활수준을 얻으려면 남자들이 타인들보다 더 일해야 하는데 남자들에게 출산휴가 및 휴직을 권하며 심지어 법적인 강제를 거론하고 있다. 그렇게 하려면 아직도 경제문제논의에 자주 거론되는 우리 기업의 경쟁력에 관해서는 말하지 말아야한다.

확실한 해결책은 보수회귀

이렇게 한국은 남녀공동양육으로 육아의 부담을 덜자는 진보적인 방법론에 한정하여 20여년을 출산율증가정책을 폈으나 실패했다. 사실 저출산 그 자체를 해결하려면 보수회귀라는 확실한 길이 있다. 남자가 일을 하고 여자는 살림살이를 하도록 권장하면 출산율은 절로 높아진다. 여자는 생활을 위해 남자의 도움이 필요하고 남자는 자연적으로 여자를 원하여 결혼율도 급상승한다.

하지만 그렇게 되돌아가는 것은 쉽지 않다. 정부도 하지 않지만 무엇보다도 좌파운동권이 절대 불허할 것이다. 그런데 이렇게 한 국가의 영적교육과정이 계속 진보적인 방향으로 나아가야만 한다면 이것은 그 나라에 찾아와 태어나는 영혼들이 대부분 그 나라의 구성원으로서 존재하기를 반복해왔

2. 국가에는 영혼이 태어날 동기(動機)가 있어야

다는 가정 하에서 타당한 논리이다. 한반도를 거쳐 간 영혼이 다시 한반도의 영적교육과정을 반복한다는 가정 하에서 진보적 방향으로 변화해가는 것이 대한민국의 역할을 다하는 것이 아니다. 우주적 관점에서 한반도 국가의 효용성을 감안한다면 한반도의 윤생과정을 거치지 않은 영혼도 새로 받아들여 한반도의 영적교육과정을 새로이 교육시키는 역할을 계속해야 할 것이다.

새로운 영혼을 받아들이기를 마다하지 말아야 한다는 주장은 앞에서 주장한 사실과 달라 보인다. 물론 받아들이고 말고는 지상의 인간이 정하는 것이 아니지만 받아들인다는 가정하에서 교육을 시켜야 한다는 것이다. 진보를 표방하는 측의 意圖는 이 나라의 영혼 구성을 바꾸려는 것에 있기 때문에 기존에 윤생했던 영혼은 來往을 그치게 하고 저들이 주도를 하면서 한반도의 윤생경험이 적거나 없는 새로운 영혼으로 구성된 나라를 만들려한다. 중요한 것은 좌우의 어느 쪽이냐가 아니라 영적성장이 이루어지는 國家여야 지구상에 존속의 가치가 있는 것이다. 그 나라에 생소한 새로운 영혼이 오더라도 그 영혼의 발달수준에 무리하지 않게 적용될 영적 교과과정이 있어야 하며 기존의 윤생했던 영혼이 다시 오더라도 전통의 바탕 위에 더 발전된 영혼성장 교과목이 있어야 방문할 가치가 있는 곳이 된다. 기존의 영혼에게는 생소하게 나라의 문화를 바꾸면서 그것이 전통의 것보다 수련의 밀도가 낮은 문화이면 기존의 영혼은 다시 겪을 가치가 없고 회교권 등의 전혀 새로운 영혼에게 적합한 장소가 되어 대한민

Ⅴ. 영성실현을 위한 이념

국의 가치는 소멸한다. 인간의 영적발달수준은 한두번의 윤생으로 비약하는 성질의 것이 아니다. 국가의 역할은 전통의 연속선상에서 적절한 변화를 주는 영적교육과정이 되어야 한다.

人口의 탄생은 天上의 영혼이 선택

한국사회의 문제의 본질은 저출산 자체가 아니다. 기본적 단계를 벗어나 진보화된 사회상태에서의 지속적인 성장유지가 난관에 부닥친 것이다. 애벌레는 그대로 자랄 수 없고 번데기를 거쳐야 成蟲이 되는데 그저 애벌레로서 크려는 형국이다.

해법의 길은 역시 유물론 밖에서 찾을 수 있다. 저출산은 부부를 닦달한다고 해결되는 것이 아니고 임신부를 왕대접한다고 해결되는 것이 아니다. 인구의 출산은 지상의 남녀의 의지로 인한 것이라기보다 태어나고자하는 영혼에 의한 것이다. 아이는 자기가 선택해서 지구에 오는 것이지 부모의 임의로 오는 게 아니다. 부모 스스로의 욕구도 태어날 아이가 조절한다. 아이는 이번 생에서 가장 영적성장에 적합한 부모를 선택해 지구에 탄생한다. 우선 못된 아이가 부모에게 자기를 왜 낳았냐고 항변하는 것은 틀린 말이라는 사실을 널리 알려 자신의 탄생 환경을 비관하는 잘못된 상황에 국민과 젊은이들이 놓이지 않게 해야 할 것이다.

인구 때문에 국가존립을 걱정하기 전에 태어나 자라고 인

2. 국가에는 영혼이 태어날 동기(動機)가 있어야

생을 겪는 배경이 되는 국가의 (영혼을 위한) 용도를 먼저 정립해야한다. 국가의 존재이유는 영혼을 맡아 성장시켜 돌려보내는 것이다. 효과적인 커리큘럼을 제공하는 국가는 하늘의 총애를 받는다.

중국인의 민도(民度)가 높다고 하는 것은 세계인은 별로 없을 것이다. 그러나 국가의 진정한 성적표를 매기자면 그 나라의 젊은이보다는 중노년층 이상을 보아야 할 것이다. 중국의 공원에서는 노인들이 큰 붓에 물을 적셔 바닥에 서예를 하거나 혹은 태극권 수련을 하며 건전한 시간을 보내는 것을 볼 수 있다. 보이는 인상도 대체로 온화하고 안정감이 있다. 한국의 노인들이 탑골공원 등에서 낮술과 고성(高聲)으로 시간을 보내는 광경을 흔히 보는 것과 대조된다. 특별히 학문을 전공하거나 知的인 직업을 가지지 않더라도 늘 학문적인 의미를 가지는 문자(漢字)를 접하며 생활하는 중국인은 나이를 먹으면 지식인직업계층 여부와 상관없이 얼마간의 지성을 기르게 된다. 반면에 생활 중에 知的인 의미를 담는 언어생활을 거의 하지 않는 한국인은 평소에 思考를 단련할 기회가 부족하여 특별이 직업이나 취미로 學問을 접하지 않는 사람은 나이를 먹어도 그 연륜이 현명한 인격으로 이어지기 어려운 것이다.[63]

---

[63] 근래 한국에서는 중노년층의 흉악범죄가 적지 않았던 것이 주목된다. 50대 남성이 변심한 애인에게 관심을 끌려 고시원에 방화한 사건, 유명한 보성 70대 어부의 연쇄살인 사건, 남대문(숭례문) 방화사건 등 많은 흉악범죄가 고령자에 의해 저질러졌다.

V. 영성실현을 위한 이념

 영혼성장에 효과적인 국가에 영혼의 출생지원(出生志願) 즉 인구가 많이 몰리는 것은 당연하다 하겠다. 인도(印度)는 정신적 수련을 중요시하는 나라임은 알려져 있고 국내에서도 정신수련을 원하는 사람들이 여행을 즐겨하는 곳이다. 당연히 영혼들의 출생지원이 많을 수밖에 없다.

국가는 영혼성장 教科過程

 지상에 여러 국가가 있음은 영혼이 여러 방식을 두루 섭렵하여 완성에 가깝도록 하는 것이다. 미국식의 삶이 가장 효과적이라도 한국의 존재는 한국식의 영혼성장이 있기 위함이고 한국의 고유 특성이 사라지면 국가의 존재가치가 없다. 한국이 미국식 사회가 되어 선진국이 된다 해도 미국의 짝퉁 국가는 영혼성장에 의미가 없어 한국에 태어남은 미국에 태어나는 것만 못한 영적성장환경에 처한다. 차라리 후진국에서 혹독한 물질추구의 삶을 사는 것은 의미가 있겠지만 한국에 고유한 영혼성장과정이 있지 않으면 굳이 선택하여 태어날 의미가 없어 영혼이 오지 않는다. 선진국 문턱에 다다른

해외토픽에서는 많지 않은 경우이다. 이 글을 쓰는 가까운 시점에(2016)도 69세 노인의 가족살인 사건이 있었다. 극단적인 사건의 배경에는 이에 근접한 다수의 보편적인 현상이 존재한다. 한국인은 설령 오래전에 漢字를 배웠다고 하더라도 평소에 한글만을 쓰며 일상생활에 별다른 생각을 안 하고 지내니 특별히 머리를 쓰지 않는 직업의 사람은 나이를 먹는다고 현명해지고 침착해진다는 보장이 없는 것이다.

2. 국가에는 영혼이 태어날 동기(動機)가 있어야

국가는 진보된 영혼성장 교과목이 국가적으로 풍부하게 있어서 진보된 상위영혼이 탄생의 목적을 얻을 수 있는 國家가 되어야 한다.

國家가 없다면 개인도 없다는 애국주의자가 있다면 자기부터 있고 國家가 있는 것이지 무슨 소리냐고 항변하는 개인주의자가 있다. 상식으로 보면 자기부터 있고 국가가 있는 것으로서 國家가 없더라도 개인은 이민을 가든가 난민이 되든가 어찌해서라도 살아가는데 국가가 있어야 개인이 있다는 주장은 납득되기 어렵다. 그러나 인간의 탄생목적을 보면 國家가 있어야 개인이 있다는 명제가 성립된다. 태어날 가치가 있는 영혼성장 교과과정을 제공하는 國家가 없다면 영혼은 지구에 태어나지도 않으니 결국 國家가 없다면 개인이 없다는 말은 결코 허황된 愛國主義의 주장이 아니다.

국가에는 영혼이 태어날 동기부여가 있어야

국민소득과 복지수준이 기초적인 생존을 위한 절박한 노력이 불필요할 정도가 되었지만 아직도 우리 사회구조는 물질추구가치의 단계를 넘지 못한다. 富의 추구가 아니라도 영적성장을 위해 노력할 국가분위기가 되어야 영혼에게 태어날 동기부여를 주는 것이다. 이제는 영적성장 상급과정의 국가가 되어야 하늘에서도 인정받아 충분한 영혼들이 찾아와 출산율 절벽을 막을 수 있다.

탄생을 태어날 영혼이 선택해야 한다면 부유하거나 좋은

V. 영성실현을 위한 이념

인격의 부모에 몰리냐 하면 그렇지 않다. 영혼은 지구에 놀러오는 것이 아니라 배우러 오는 것이다. 후진국 등 가난하고 혹독한 곳에서의 삶이 더 수요가 있을 수 있다.

대다수의 부모가 자식은 잘 먹고 편안히 살기를 바란다. 부모에게 멸시도 받고 천덕꾸러기도 되고 때로는 왜 저런 걸 낳았을까 하는 한탄소리도 듣곤 해야 하는데 한국은 그런 환경을 제공할 기회가 이제는 많지 않다. 근래에 늘어나는 외국인 노동자는 한국에 인연이 있는 영혼이지만 한국은 성장과정이 무의미하여 외국에 태어났다가 成人이 된 이후 한국에 온 것이다. 탈북자 또한 성장과정과 젊은 시기의 고난과정을 한국에서는 마땅히 겪을 수 없어서 한국에서 살 운명임에도 북한에 태어났던 것이다.

기본적인 삶을 유지하기에 그다지 노력이 필요하지 않은 유복한 조건 하의 삶이라면 그 환경 위에서 추구할 가치가 있어야 한다. 과거의 귀족과 왕족은 아랫사람들을 다스리는 일로 저절로 삶의 의미를 찾았지만 이제는 스스로 찾아야 한다. 생존훈련 이상의 삶의 목적을 가진 진보된 영혼이라도 한국에오면 - 특별한 사회적 변혁이나 남을 다스리는 미션이 아니라도 - 道를 닦고 진리를 공부하는 등의 상급과정 교과목이 풍부해야 한다.

지금 대한민국은 이미 세습 三代 단계에 와 있다. 왕조시대를 포함하여 어느 시대이건 건국초기에는 大業을 이루는 영혼들의 수준이 높았다고 해도 그 주변의 영혼 즉 처음 영혼의 자식으로 태어나는 영혼의 수준은 이보다 못할 수밖에

2. 국가에는 영혼이 태어날 동기(動機)가 있어야

없다. 국가를 경영하는 과제는 건국초기보다 훨씬 어려워졌음에도 불구하고 건국당시의 지도층보다 국가지도층의 자질 즉 영혼적 수준은 낮은 형편이니 국정에서 이러한 문제를 해결 못하는 상황이 계속되어 왔다. 지도층의 구성방식등 대대적인 국가체질개혁이 필요한 것이 이 때문이다.

우선은 공무원과 대기업 등의 경제적 상류계층이 스스로 영혼파괴적 행위를 하고 있는 것부터 다스려야 제대로 된 국가라고 해야 할 것이다.

진보주의 정책이라면 많은 사람들은 성장과 분배 중 가난한 사람의 복지를 위해 분배를 우선하는 것이라고 생각한다. 그러나 진보교조의 취지는 어려운 사람을 우선 배려하는 것이 아니다. 진보교조의 핵심은 노동자와 자본가의 대립에서 노동자 편을 들어주는 것이다.

따라서 아무리 고임금을 받아도 품을 파는 입장이라면 노동자로서 진보이념을 실현할 기반으로 간주된다. 이에 따라 모든 봉급생활자가 진보이념의 실현을 위한 資産이라고 볼 때 그중 가장 힘이 센 대기업고임금노동자는 진보이념 실현을 위해 가장 소중한 자산이다. 이들의 잦은 파업은 진보이념 운동의 선봉으로서 행하는 당연한(?) 역할이다.

대다수의 직장인과 자영업자가 부러워할 임금을 받으면서 수시로 파업을 하는 대기업노동자의 행태는 국민다수에 위화감을 주는 것은 말할 것도 없거니와, 이런 상황을 방치하는 것은 국가전체가 인간정신의 건전성유지의 차원에서 큰 죄를 범하는 것이 된다.

V. 영성실현을 위한 이념

대기업 고임금 노동자 정도의 수입을 자영업자가 얻으려면 훨씬 큰 노력을 해야 한다. 인간이 수익을 얻기 위해 노력을 해야 하는 것은 인간의 정신이 그 과정을 통해 진화하여 인류가 더 큰 영광을 얻기 위해서이다. 반면에 이 과정을 소홀히 하는 개인이나 국가는 재앙을 받게 된다.

인간이 한 가지 직업에 완전히 숙련되기까지는 대략 십년 남짓이다. 그 과정은 업무의 숙련과정을 통해 개인의 人格도 성장하는 시기이다. 하지만 기업의 입장에서 그 이후에도 근속이 장려되는 것은 숙련된 작업에 의한 높은 생산성 때문이다. 그렇다고 장기근속자의 인격성장이 멈췄다고 볼 수는 없다. 비록 자신의 재주는 그다지 성장하지 않는다고 해도 자신의 능력을 다하여 주변에 봉사하고 인간사회의 질서에 인내하고 순응하는 것은 그 이상의 인격성장의 효과가 있다.

하지만 어떤 노동자는, 가지고 있는 인내력으로는 반복 작업에 따른 권태를 이기지 못하고 때로는 본분을 벗어난 지배욕이 발현되어, 더 이상의 생산라인에서의 '기계와 같은 삶'을 거부할 수가 있다. 이러한 마음이 파업을 추구하고 또한 동조하게 된다.

그렇다면 당당히 그 자리를 박차고 나와야 할 것이다. 이런 사람은 더 이상 공장이 자기인생의 소명을 실현할 마당이 되지 않는다. 그럼에도 단지 재물에로의 미련을 버리지 못하여 공장의 일자리를 점유하며 생산 업무를 방해하는 것은, 비단 타인에게 피해를 안겨줄 뿐 아니라 자신의 인격타락도 야기하게 된다. 그리고 이러한 현상을 두고두고 방치하는 법인공동체와 국가는 그 존재의 가치가 사라져갈 것이다.

3. 地上은 하늘의 하부구조

지상에서의 인간의 활동은 하늘에서 정해진 지침을 따르면서 하부의 구체적인 사항을 실행하는 것이다. 인간의 큰 운명은 천상에서 정해져 있지만 그것을 어떻게 형태화 할 것이냐는 지상에서 인간의 의지가 포함되어 조성된 여러 상황에 맞추어 결정되는 것이다.

공통운명의 집결상황에서 集團事故 발생

사람은 누구나 안전하게 지내기를 원한다. 그러나 육해공 어느 교통수단도 완전히 안전한 것이 없이 사고가 일어나고 설령 집에 있더라도 사고가 있는 등 어떤 장소도 명운을 보장해주지는 못하는 것은 사고의 발생은 모여 있는 운명설계의 합치(合致)에 말미암은 것이지 교통수단 등 물리적인 배경이 원인이 아니기 때문이다. 유사한 운명공동체가 형성되면 대구지하철화재사건과 세월호침몰사건과 같이 지상의 인간의 상식에는 無理가 있는 과정을 억지로 거치면서 사고발생이라는 결론에 맞춰진다.

큰 위험을 당했다 구사일생으로 살아난 사람은 흔히 천운이 도왔다고 한다. 그런데 이 사람이 애초에 무사할 운명이

V. 영성실현을 위한 이념

었다면 왜 그런 위험한 일은 벌어졌는지 의문이 생겨날 수 있다. 사고가 일어난 곳에 희생자들과 함께 있다 살아난 사람이 자기와 다른 운명의 사람들과 함께 있었던 것은 지상의 인간사회에서 많은 사람들과 어울려 지내다 조성된 상황이다. 이럴 때 다른 사람들과 달리 살아나는 결과를 도출하기 위해 상식적인 확률이 적은 상황이 일어나곤 하는 것이다. 혼자서 길을 가다 위험을 겪었을지라도 앞에 물건이 떨어지든가 하는 일은 다른 사람들의 運數에 의한 사건이지만 이에 영향 받을 운명이 아니기에 시간이 어긋나 피할 수 있었던 것이다.

지상의 사건의 큰 줄기와 내재된 관념(觀念)은 우주에서 설계된 것이고 인간은 물질계에서의 구현에 관계될 뿐임을 고려(考慮)하면 사회와 개인에 얽혀있는 여러 사건들에 대하여 후회와 안타까움을 줄이고 여유 있게 관조(觀照)할 수 있다. 물론 그렇다고 소극적으로 세상일을 대처하자는 것은 아니다. 안전점검과 사고예방 등으로 인간의 좋은 운명을 미리 정하여 유도하는 자가 되어 하늘에서 행할 일을 땅에서 행하는데 동참한다면 영혼의 위상을 격상하는 일이다.

하늘이 定한 권세에 굴복함의 의미

성서 가운데는 현실을 '치열하게' 사는 사람들에게 특히 주목이 되는 한 구절이 있다.

"각 사람은 위에 있는 權勢들에게 屈服하라 權勢는 하나

3. 地上은 하늘의 하부구조

님께로 나지 않음이 없나니 모든 權勢는 다 하나님의 定하신 바라"(로마書 13:1)

이에 대해서 '진보적'인 교인들은 여러 가지 상상을 한다. 여기서 필자가 다시모아 설명하는 것보다는 교계인사의 발언을 인용해본다.

......

신약성경 로마서 13장에는 1절부터 이런 말이 나온다. "각 사람은 위에 있는 권세들에게 복종하라. 권세는 하나님께로부터 나지 않음이 없나니 모든 권세는 다 하나님께서 정하신 바라." 비교적 양심적으로 사는 또는 살았던, 개신교인 또는 천주교인에게 이 성경 구절은 참으로 난감하다. 왕권신수설의 이론적 배경도, 나치 정권의 전쟁 참여 독려 논리도, 일제강점기 하 교회의 신사참배 구실도 이 '말씀'에 있었다.

〈헌법의 풍경〉, 〈불편해도 괜찮아〉라는 책을 쓴 김두식 경북대 교수는 "매일같이 대자보를 통해 안기부, 보안사, 경찰 대공분실, 부천경찰서 등의 끔찍한 인권 유린 사례를 접하던 저의 대학 시절, 목사님들은 언제 어디서나 로마서 13장이라는 칼과 방패를 들고 나와 청년 학생들의 입을 가로막았습니다"라고 언급했다.

'재야 성직자'로 통하는 이현주 목사도 "저자 바울이 단 한마디 예외 사항을 달아줬으면. 그러니까 부당한 권력에 대해 저항하는 것은 온당하다고 첨언했다면 얼마나 좋았을까"라며 저서 〈이 아무개 목사의 로마서 읽기〉에서 비슷한 아쉬움을 표했다. (미야타 미쓰오가 쓴 〈국가와 종교 : 유럽 정신사에서의 로마서 13장〉에는 심지어 "그 대목이 가필됐다"는 주장이 담겨졌다.)

문제는 이 로마서 13장을 신주 단지처럼 모시던 그 목사들이 김

V. 영성실현을 위한 이념

대중.노무현 정권이라는 정통성 있는 권력 아래에서는 대정부 투쟁을 서슴지 않았다는 것이다. ……
(김용민 목사, 2011년 10월 28일)

   인간의 本性은 우주의 永劫 속에서 점진적인 성장의 변화를 하지만 한 생체로서 지구상에 태어나 살아가는 상황은 길지 않은 세월 안에서도 변화무쌍하다. 그 운세의 변화는 각자의 인과응보에 따르기도 하지만 현생에 가진 소명(召命)에 적합하게 부여되는 것이라고 함이 더 정확하다. 확실한 것은 지상의 생애중의 단기간에는 어찌할 수 없는 것으로서 天上에서 이미 定해진 것이다.
   같은 구절에 관한 사상가 루소의 주장은 일견 단순하기도 하지만 결국 그 권세의 발원이 얼마나 大局的인 범위에서 말미암은 것인가에 의해 그 정당성이 부여되는 것이라는 암시를 준다.

…

   권력에 복종하라. 이 말이 만약 폭력에 굴복하나는 것을 의미한다면 그 설교는 훌륭하기는 하나 쓸데없는 것이다. 이 말에 위반하는 이는 절대 없으리라는 것을 나는 보증해도 좋다. 모든 권력은 하나님에게서 온다. 그러나 모든 질병도 또한 하나님에게서 온다. 그렇다고 해서 병들었을 때 의사를 불러선 안 된다는 말일까. 내가 어떤 산기슭에서 한 산적(山賊)의 습격을 받았다고 하자. 그러면 나는 그의 강박하에 나의 지갑을 내놓아야 하는 것은 물론이겠지만 그가 가지고 있는 피스톨이 하나의 권력이라고 해서 내가 그것을 주지

3. 地上은 하늘의 하부구조

않을 수가 있을 경우에도 일부러 그것을 주어야만 한다는 말인가.
 이러므로 우리는 폭력이 권리를 이루는 것이 아니라는 것에 동의할 수 있을 것이요, 또 정당한 권력이외에는 복종을 할 의무가 없다는 점도 찬성할 수 있을 것이라 믿는다. … 〈社會契約論〉(徽文出版社, 1984, 朴玉茁譯)

 개개인의 관계에서 업보에 따라 발생하는 각종의 권력과 복종의 상황도 근원을 따지면 하나님이지만 한정된 범위에서의 업보해소의 작용이기에 그 대응방식에는 임기응변의 여지가 많을 것이다. 그러나 국가적인 사건과 같은 큰 범위에서의 정황일수록 대응에는 天理에 순응하는 자세가 요구된다 할 것이다.

인간의 세상에서의 位相은 능력보다 運世

 각 사람은 영혼이 가진 지성(知性)과 지혜(智慧)가 제대로 활용되어 부귀와 권세를 누리는 生이 있다가도 때로는 가진 잠재력에도 불구하고 나락에 떨어져 비천한 삶을 살기도 한다. 물론 한 생애에서도 그런 큰 변화를 겪을 수가 있다. 명백한 것은 그 사람이 잘 되어갔던 시기나 그렇지 못한 시기나 그 사람의 본성으로부터 구현된 자질은 동일한 것이지 어떤 근본적인 요인 때문에 운세가 바뀐 건 아니라는 것이다. 동일한 波源에서 발생한 波狀의 瞬間位相이 변화무쌍한 것과도 같다.

Ⅴ. 영성실현을 위한 이념

　동일한 수준의 자질을 가진 인간이라도 운세의 상황에 따라 세상에서 가지는 부귀와 권세는 차이가 크다는 것이다. 당연한 진리임에도 현실적으로 잘 따르지를 않는 것이기 때문에 위의 성경구절도 인용할 필요성이 생기는 것이다.
　인간의 出世는 그 生에서의 運이 충분히 올라야 한다. 이를 위해서는 태어나게 해주는 부모가 적합한 여건을 마련해 주기도하며 사회에 나오고서도 앞에서 자기를 끌어주는 上位人의 인맥이 인연으로서 존재한다. 이는 파두(波頭)가 솟는 것은 비슷한 位相의 근접체로부터의 추진력이 모아지는 것이지 한 물방울의 돌연발사(突然發射)가 아닌 것과도 같다.
　이러한 인연공동체의 원리에 무지한 소치로 불효나 배신이 일어난다. 정치인 등의 배신은 본래부터 자기의 능력이 우수하여 上位人의 도움이 아니고도 지금의 자리에 오를 자격이 충분히 있다거나 심지어는 자기 능력에 비해서 지금 대우를 못 받고 있으니 上位人이 자기에게 덕을 준 것이 없다는 사고방식에서 나온다. 이것은 人倫 즉 인간이 서로 얽힌 因緣의 구조를 무시하는 것으로서 자기는 어차피 태어날 수 있으니 부모 없이도 태어날 수 있었다는 생각이나 같다. 가까운 관계의 사람끼리도 도저히 뜻을 같이하지 못할 정도에 이르는 경우는 물론 있다. 그런 경우에는 자신이 받은 혜택도 포기하고 관계를 끝내야 하는 것이다. 부모에게서 의절한 젊은이는 유산을 달라할 자격이 없다. 그런데 정치판에서는 받은 것은 받은 대로 지키면서 돌아서는 일이 잦은 것이다.

3. 地上은 하늘의 하부구조

人倫이란 무엇인가

人倫… 근본적으로 倫理는 서로 가까이 인연이 얽힌 존재들 사이에 있어야 할 섭리(攝理)이다. 物理가 물질들 사에에 있는 관계의 법칙을 말하고 性理가 인간존재 以前의 本性들 사이의 관계의 법칙을 말한다면 倫理는 인접하는 존재들 간의 관계의 법칙이다.

윤리하면 도덕과 함께 거론되는 경우가 많아 그저 그저 비슷한 것으로만 간주하기 쉽다. 기혼자가 외도를 할 때 不倫이라 함은 일단 부부간 계약이라는 집단내의 관계법칙에 어긋난다는 것이지 惡이나 부도덕으로 치부(置簿)하는 것은 별도의 事案이다.

윤리에 관하여 이해를 구하자면 저자가 소시적 열람한 만화의 한 에피소드를 예로 들면 적합할 듯하다.

한 말썽장이 소년이 비오는날 어머니의 심부름으로 아버지에게 우산을 갖다주러 나갔다. 가는 길에 한 또래뻘되는 예쁜 소녀가 건물현관에 비를 피하여 서있는 것을 보았다.

소녀 "나 우리집에 대려다줄래?"
소년 "심부름 가는길엔데."
소녀 "우리집에 가면 참외줄게."
소년 "그래…?"

소년은 소녀를 우산받쳐주며 소녀의 집으로 갔다. 소녀의 집에서는 우리 아이를 도와주었다고 매우 고마워하며 약속했던 과일은 물론 여러 좋은 접대를 해주었다. 소년이 소녀와

V. 영성실현을 위한 이념

의 시간보내기가 즐거워 돌아가지를 않아 시간이 흐르자 소녀의 집에서는 저녁식사도 주었다.

소년이 너무 머물러있자 소녀의 부모는 소년이 왜 나와있었으며 우산을 두 개 가지고 있었는지를 물었다. 소년은 그대로 말할 수밖에 없었다. 소녀의 모친이 "이제보니 몹쓸자식이네" 하자 소년은 "그럼 白花(소녀의 이름)가 비를 맞아도 좋단 말인가요?"했다. 소녀의 부친이

"너의 아버지가 비를 맞고 있는데 남생각할 때냐! 썩 나가라!"

하여 소년은 나갔지만 이미 기다리다 못한 아버지는 비를 맞고 집으로 돌아간 뒤였다.

소녀의 부친은 醫師인데 왕진(往診)을 청하는 전화가 왔다. 그래서 가보았더니 바로 소년의 집이었다. 소년의 아버지가 비를 맞아서 탈이 난 것이었다. 결국 소년은 잘못을 들키고 크게 혼이 날 수밖에 없었다.

여기서 우산을 줄 사람은 구조대상이다. 어떤 관계를 무시하고 순전한 大義에 따라 구조하려할 때 어린 소녀와 성인남자 중에 누구를 먼저 구해야 할까. 역자보호의 원칙에 따라 어린소녀가 우선되는 구조대상이다. 그러나 여기서 소년의 행위가 용납되지 않음은 인간은 자기가 관계된 집단의 구성원에 우선하여 義理를 지켜야 하는 이유이다. 인륜의 혜택을 받아 성장한 자가 분수를 넘어 全能者의 公義를 흉내내려 할 때 윤리를 저버린 자라고 부를 만하다.

물론 인륜관계가 절대적인 것은 아니다. 공직자의 가족관

3. 地上은 하늘의 하부구조

계에 문제가 있을 때는 공직자의 大局的 활동범위를 감안하여 사사로운 윤리보다 대의가 우선되기를 사회는 기대한다. 행위자에게 기대되는 활동범위에 따라 윤리에 따른 올바른 선택은 달라지는 것이다. 이것을 당사자가 명확히 인식하는 것이 윤리가 도덕에 일치하는 길이다.

〈罪와 罰〉의 라스콜리니코프는 자기와 같은 평범한 소시민은 '나플레옹과 같은 위대한 인물'과는 달리 '정의구현을 위한 살인'이 용납되지 않음을 깨닫는데 그의 죄는 바로 자기 분수를 지키지 않은 것이다.

인륜을 우선하냐 대의를 우선하냐는 상대적으로판단이 되어야지 어느 쪽이 절대적인 우위를 갖고있지 않다. 어느 여성 유튜브방송인은 사망교통사고를 내는 와중에 애완동물을 껴안고 있었다. 뒤늦게 당시 상황을 몰랐다고 해명했지만 이런 경우 人倫의 포괄력은 '생명존중의 大義'보다 강하여 인간끼리의 생명은 생면부지의 남이라도 자기의 ('가까운 인연'의) 애완동물보다 우선하여 살펴야 하는 것이 인륜도덕으로 되어 있는 것이다.

人倫은 사실 倫하나로 표기될 수 있는 것으로서 倫이 바로 人+侖(륜)으로서 인륜이다. 侖은 뭉치이며 동아리로서 유사한 영혼부류끼리의 집단이고 지상에 내려와 인연으로 얽혀 함께 지낼 무리를 말한다. 혈연가족의 경우 태어날 때부터 미리 준비된 인연이 시작되니 天倫이라고도 하는데 인륜과 천륜을 합한 공동체는 侖으로 통칭할 수 있다.

세상의 모든 분쟁은 대립하는 각각의 세력의 근원이 되는

V. 영성실현을 위한 이념

각각의 영륜(靈侖)들이 서로 저네로부터 말미암은 세력이 이 세상에서 더 번성하게 하여 저네 영륜이 지향하는 대로 지상에서의 영적단련의 기회를 더 얻기 위한 것이다. 분쟁에서 승리하는 부류집단은 일단은 세상의 권력과 부귀를 더 얻게 되지만 승리의 진정한 결과는 저네 집단의 가치가 세상의 가치를 점유하고 저네 영륜의 영혼이 깃든 개체들이 지상에 번성하는 것이다.

국가 내 이념갈등은 그 땅의 나라의 전통가치에 익숙한 영륜과 그 땅의 전통가치에 생소한 영륜 그리고 그 땅의 역사에서 피해의식을 가진 영륜 등 서로 다른 품성의 영륜들이 저네가 나라의 주도권을 차지하고자 하는 싸움이다. 이제까지 자신들의 지향에 맞게 이어져온 전통가치를 계속 향유하고자 하고 자신들의 영혼수련과목으로서 국가공동체의 가치를 지키고자 하는 보수적 영륜으로서는 이념갈등에 대처하는 것은 애국심에 의하여 국가를 수호하는 행위로서 개개인의 한 생애를 초월하는 중요한 의미를 가진다.

실제적인 전투로서 승부를 가리게 되는 상황에서는 현생에서 이 땅의 환경을 향유하는 권리를 後生으로 유보할지언정 이 땅이 이질적 부류의 영혼에게 점유되는 것을 막고 자신의 집단의 가치가 이 땅에서 계속 구현되도록 현생의 자신의 생을 희생할 수 있는 자가 충분히 있는 집단이 저들의 세력을 강화하고 번성하게 된다. 이 땅에 쌓아온 가치를 중시하는 세력이 계속해서 이 땅에서 저네들 부류의 영혼들이 임재(臨在)하는 인생을 만들고 권리를 누리며 저네들 영혼부류의 수

4. 靈의 목적을 따르는 삶의 추구

련장으로 이 땅이 계속 활용하게 하고자 하는 의지가 애국충정이다. 눈앞의 현생에 펼쳐진 각종의 권리를 우선 감지할 수밖에 없는 현실인간으로서는 비장(悲壯)한 것이 아닐 수 없다.

실제적인 전쟁이 아닌 이념갈등상황에서는 어떤 영륜집단이 승리하려면 굳이 세상에서의 완전한 희생의 마음가짐까지를 요구되는 것은 아니다. 다만 지상에서 영화를 누리거나 권력을 가지고 뜻을 펼치며 타인에게 영향력을 행사하려는 등의 욕구는 그 行使의 기회가 본래 지극히 제한이 되어있는 만큼 각 사람은 자기의 온당한 차례를 기다리면서 경우에 따라 기꺼이 같은 영륜의 타인에게 現世에서의 榮華를 양보해야 해당 영륜은 이 땅에서 무난히 번성하게 된다. 자기가 아직 榮華를 누릴 차례가 아니라면 먼저 순서가 돌아온 同類의 영혼에게 양보한다. 혹은 자기는 이미 과거의 생애에서 충분한 榮華를 누린 바 있으니 현생에서 또다시 榮華를 반복하여 자기의 영적성장에는 그다지 도움이 되지 않는 생애를 반복하는 것보다는 다음 순서로 예비했던 영혼에게 기꺼이 양보하면서 자기가 속한 영적공동체의 이 땅에서의 번영을 기도(期圖)할 수 있을 것이다.

하늘의 뜻이 땅에서 이루어지는 인간세상의 목표를 성취하기 위해서 지상에서의 정당한 경쟁과 노력을 최대히 하려는 가치관을 유지하면서도 이미 하늘에서 定해져 내려온 운세에 따른 각종의 세상권세는 존중해야 한다는 것에서 올바른 이념적 가치관의 유지는 참으로 외줄을 타는 광대와도 같이 불

V. 영성실현을 위한 이념

안한 것임을 실감케 하는 것이다.

4. 靈의 목적을 따르는 삶의 추구

靈과 魂

이제까지 이념의 본질을 설명하면서 유물론의 범주를 넘어선 해석을 하고자 영혼이란 단어를 많이 사용했다. 근래에서는 사회에서도 특별한 경우가 아니라도 영혼이란 말은 자주 사용된다. 그런데 靈과 魂을 구분하여 다루는 경우는 흔하지 않다. 개별 漢字에 더 익숙한 중국어권에서도 영혼이라고 통칭하는 경우가 많다.

그러나 우리는 이미 영과 혼이라는 두 가지 말을 다르게 쓰고 있다. 우리의 '민족혼'이라고 하지 민족영이라고는 하지 않는다. '혼이 났다'고 하지 영이 났다고는 안한다.

靈(soul)은 지상에 사는 육체에 깃든 인간의 마음 이외에 인간자신의 운명을 관장하며 영원한 자아를 이루는 존재이다. 학술적으로는 무의식 잠재의식 초자아 등으로 불리며 종교적으로는 성령의 역할을 하는 자아의 근본적 총체이다. 大我, 上位自我(higher self), 本靈, 神明이라고도 불린다. 동양권에서 神이 오늘날 God의 뜻으로 쓰이는 것을 감안하지 않는다면 靈으로 지칭한 이 존재는 본래 神이라는 글자로 표기하는 것이 더 적합하다. 대신 靈은 精靈 魂靈 神靈이라는 단어가 있듯이 포괄적인 개념으로 쓰일 수 있다. 오늘날 비종

4. 靈의 목적을 따르는 삶의 추구

교영성학이나 일부 신흥교파에서 '사람이 곧 神이다'라는 유형의 새로운 듯한 주장을 하지만 神은 본래 그런 의미를 갖는 것이다. 鬼神이라는 단어도 그리하여 있는 것이며 창세기 1:2의 "하나님의 神은 水面에 운행하시니라"의 '하나님의 神'은 'God's god'의 뜻이 아닌 것이다. 魂(spirit)은 지상에 특정한 인격(小我)으로 살아온 개성을 그대로 지니고 있는, 靈의 부분적 특성이다.

靈은 인간 정신의 근간이 되는 영원한 존재이다. 한 사람이 윤회하여 여러 生을 산다는 것은 같은 영에서 비롯한 여러 혼으로서의 삶을 말하는 것으로서 영은 輪生(윤생)의 주체이다.

바다로부터는 물결이 나온다면 바다는 靈이고 물결은 魂이다.64) 각 魂은 고유의 개성을 가지면서 속한 靈의 공통된 성격을 가진다. 魂은 靈 즉 상위자아와 연결되었으나 지상에서 사는 인간은 평소에 느끼지 못한다.

사람이 내세로 돌아가면 魂은 육체를 떠나 靈으로 돌아온다. 魂은 靈의 일부분으로서 영원히 남는다. 한 사람에게 어린이로서 청소년으로서 젊은이로서 중년으로서의 인격이 남

---

64) Bob Olson, ANSWERS ABOUT THE AFTERLIFE, 2014, 발췌意譯, 여기서는 soul을 靈으로 spirit을 魂으로 하였다. 다만 영어의 soul과 spirit은 어원이 다르다 뿐이지 서로 분별하는 용어가 아니기에 其도 soul과 spirit이 반드시 해당관념을 지칭하는 것은 아니고 영혼을 지칭하는 두가지가 있음만을 인지함이라고 했다. 기독교의번역에서는 sirit을 靈 soul을 魂이라하는 경우가 있다.

V. 영성실현을 위한 이념

아 있듯이 생애를 살고 난 魂이 자기의 靈에 돌아오면 그 개성은 靈의 일부분으로서 남는다.

靈이 새로운 생애를 겪으려 할 때는 새로운 魂을 창조하여 생성한다. 그 魂은 새로운 사람의 육체에 깃든다. 魂이 윤회하는 것이 아니라 魂이 속한 靈이 윤회하는 것이다. 새로운 사람은 이전에 지상에서 살았던 혼들과 같은 靈에 속하니 그 靈의 다른 생애들을 전생기억으로 갖게 된다.

魂의 입장에서 세상의 삶이란 한번뿐

지상에 살았던 혼은 그 성과를 유지하며 영원한 존재로서 靈界에 거한다. 혼은 윤회하는 존재가 아니므로 지상에 사는 인간 개개인도 그 자체로는 윤회하는 존재가 아닌 한번뿐인 인생을 사는 자들이다.

영겁(永劫)의 시간 중에 지상에서의 불과 백년이 안 되는 삶을 산 이력(履歷)이 영원히 존재한다는 것이 균형이 안 맞는 것처럼 느껴질 수도 있지만 그곳은 시간이 없는 곳임을 감안하면 시간축 상에서의 양적 비교는 의미가 없는 것이다.

그럼에도 인간의 혼은 영과 연결되어 있기 때문에 인간에게는 혼과 영 양쪽에 관련한 욕구와 가치관이 존재하고 인류는 이들이 반영된 삶을 살아왔다.

보수적인 사회분위기는 그 사회에 익숙한 전생경험이 있는 다수의 영이 혼을 파견(派遣)함으로써 형성된다. 진보적인(현실의 이른바 진보세력이 아닌 본질적 의미의) 사회분위기가

4. 靈의 목적을 따르는 삶의 추구

공동체의 보전에 매우 불리한 반면에 보수주의는 공동체의 强化 및 保全에 필요한 가치관이다. 그럼에도 인류역사에서는 많은 보수적인 공동체가 융성하다 몰락하곤 했다.

정치인과 고위관료의 인사검증과정에서는 자식에 대한 재산증여 기타 권력에 의하여 특별한 혜택을 주었는지 등이 도마에 오른다. 자식도 자기가 아닌 타인이다. 물론 부모가 자식을 사랑하는 것은 인간사회의 기본적인 미담이지만 公的사회에서 자식을 위하는 행위는 이기주의와 동의어가 되고 만다. 비록 大義에 맞지 않더라도 자식과 친지를 위하여 할 수 있는 일을 해주려는 심리가 인간에게 있는 것은 자식과 친지는 현실사회에서는 타인이지만 다른 차원에서의 가까운 연결이 있음을 짐작하게 한다.

사람들이 자기 집안의 세습특권과 재산을 늘려서 자손이 유복한 환경에서 살게 하려는 욕구는 집안의 인연에 따라 자기의 영이 훗날 자기 집안에 다시 태어날 때 좋은 환경에서 잘 살도록 하려는 사전포석이다. 자기의 새로 생성된 혼이 집안에서 좋은 지원을 받으며 기왕의 혼이 가졌던 관성(慣性)을 이어받으며 사는 것은 왕조 등 집안대대로 이어야 할 과업이 있는 경우에는 나름의 의미가 있지만 그 과업(課業)이 소멸하거나 大義를 위한 당위(當爲)가 없다면 비록 생애의 복락을 누린다 해도 靈의 입장에서 볼 때는 큰 의미 없는 인생학습이 반복되는 것에 불과하여 영적 성장의 길이 되지 못한다.

우리 관습에서 흔히들 쉽게 거론했던 팔자를 고친다는 이

V. 영성실현을 위한 이념

야기도 영적 퇴락의 길이다. 靈의 입장에서 인생이란 때론 방황도 하고 고초도 당하고 다양한 경험을 두루 겪어야 한다. 그런데 과거의 양반 등 사회적 영향력이 큰 신분은 어릴 때 결혼하고 안정된 환경에서 복락을 누리는 삶만을 추구했다. 어쩌다 좀 험한 인생을 살기로 예정이 되면 사주팔자를 고쳐서 복락을 누리는 인생으로 바꾸고자 했다. 그런 것이 정말로 효험이 난다면 이미 전생에서 겪어본 부귀영화를 이번 생에서도 큰 차이 없이 반복하기를 거듭한다는 것이다. 인생이 하나의 학습과목이라고 할 때 낙제하고 재수강을 거듭하면 공부하기도 편하고 성적도 좋을 수 있지만 학교졸업이라는 큰 목적에는 그다지 도움 되지 않은 것과도 같다.

이러한 혼의 관성에 따른 복락추구는 靈에게 정말 필요한 새로운 경험을 자꾸 후생으로 미룬다. 이런 것이 쌓이면 결국 각각의 영의 과제와 영륜(靈侖)[65]의 과제가 밀리고 해결되지 않아 국가사회는 용도상실로 몰락하고 만다.[66]

靈의 목적을 따르는 삶의 추구

'나'를 뜻하는 自我 역시 두 글자를 합하여 쓰지만 自 즉

---

[65] 영혼부류, 영혼그룹, 유사한 성품의 영혼들의 모임. 侖은 인륜 倫字에서 사람人邊이 없는 것임으로 인간으로 현존하기 이전의 순수한 영적상태에서의 모임
[66] 조선후기의 양반계급의 몰락이 이와 같은 경우라고 봐야 할 것이다.

4. 靈의 목적을 따르는 삶의 추구

小我는 혼이고 我 즉 大我는 영에 해당한다. 自를 넘어서 我를 찾는 것이 곧 흔히들 말하는 '진정한 자아를 찾는 일'이다. 소아를 버리고 대의를 찾는다는 말은 곧 자기의 현생의 혼의 편의에 따른 이기주의를 버리고 大義 곧 大我의 지향을 따라 가치를 설정한다는 말이다.

자신의 쌓아온 富를 자손에게 남기지 않고 사심 없이 남에게 베푼 인생의 결과는 (자기 후손을 부유하게 하여 훗날 자기가 집안에 다시 태어날 때의 환경을 좋게 해주는 것을 못하니) 자기 後生의 복락을 그다지 돕지는 않겠지만 과거의 慣性에서 벗어나 새로이 택하는 생은 영의 성장에 효과적이며 이는 곧 영원한 존재로서의 격상에 이어진다. 이러한 환생을 즐겨하는 靈의 魂들은 자기의 성정(性情)과 환경이 썩 어울리지는 않아 좌편향의 유혹에 빠지기 쉬우나 그럼에도 자기의 탄생의 의미를 살려서 올바르게 대처하면 영적성장의 효과를 잘 살릴 수 있다.

우주적으로는 진보적 환경을 설정하기를 마다하지 않으면서 생애에서는 보수적 입장을 견지할 수 있는 태도야말로 영적가치를 추구하는 올바른 길이다.♣

理念과 靈魂

初版發行	2025年 2月 10日
著者	朴京範
發行者	崔禎恩
發行所	도서출판 恩範商會(은범상회)
	京畿道始興市鳥南洞171-21
	https://blog.naver.com/eunbeom24
申告番號	2024-000029號
電話	(031) 405-2962
값	13000圓